오늘도 너는 선물이구나

오늘도 너는 선물이구나
아이의 말 속에서 피어난 성장의 순간들

초 판 1쇄 2025년 04월 09일

지은이 임정호
펴낸이 류종렬

펴낸곳 미다스북스
본부장 임종익
편집장 이다경, 김가영
디자인 윤가희, 임인영
책임진행 안채원, 이예나, 김요섭, 김은진, 장민주

등록 2001년 3월 21일 제2001-000040호
주소 서울시 마포구 양화로 133 서교타워 711호
전화 02) 322-7802~3
팩스 02) 6007-1845
블로그 http://blog.naver.com/midasbooks
전자주소 midasbooks@hanmail.net
페이스북 https://www.facebook.com/midasbooks425
인스타그램 https://www.instagram.com/midasbooks

ⓒ 임정호, 미다스북스 2025, *Printed in Korea.*

ISBN 979-11-7355-183-3 03370

값 19,500원

※ 파본은 본사나 구입하신 서점에서 교환해드립니다.
※ 이 책에 실린 모든 콘텐츠는 미다스북스가 저작권자와의 계약에 따라 발행한 것이므로 인용하시거나 참고하실 경우 반드시 본사의 허락을 받으셔야 합니다.

미다스북스는 다음세대에게 필요한 지혜와 교양을 생각합니다.

아이의 말 속에서 피어난 성장의 순간들

오늘도 너는 선물이구나

임정호 지음

미다스북스

프롤로그

A 요즘 딸이 너무 커버린 것 같아서 조금 서운해.

B 어떤 점이 서운한데?

A 이제 혼자서도 이것저것 잘하니까, 내 손이 점점 필요 없어지는 건가 싶어서, 예전처럼 와락 안기지도 않고.

B 우리 아들은 돌도 안 됐을 때부터 날 밀어내서 그러려니 해.

오랜만에 만난 친구는 여섯 살 된 딸이 이제 자기한테 안기지 않는다며 서운한 기색이다. 퇴근 후 현관문을 열면 아이는 괴성과 함께 달려 나오며 환한 미소를 짓는다. 이는 살아오며 겪은 그 어느 환대보다 따듯하고 활기찬 기운을 전한다. 아이가 커버리면 그 충만하고 애틋한 환대가 사라질 것을 알기에, 부모는 그 소중한 순간을 남기려고 카메라 셔터를 쉴 새 없이 누른다. 아이가 주는 기쁨이 어디 그뿐일까. 작은 장난에도 자지러질 듯 웃는 웃음소리, 먹고 싶은 과자를 뜯지 못해 고사리손으로 과자 봉투를 움켜쥔 채 건네는 모습, 시도 때도 없이 같이 놀자며 작은 손으로 내 손가락

하나를 움켜쥐고 뒷덜미에 매달리던 모습, 마음의 안정이 필요할 때면 부모의 품 안에 폭 안긴 채 웅크리는 모습, 하나하나 떠올려보니 아이를 통해 큰 기쁨을 느꼈던 것이 새삼 실감이 난다.

그런 존재가 성장한다는 것은 분명 자랑스럽고 기쁠 일이지만 가슴 한편에 아련하고 아쉬운 마음이 동시에 드는 것 또한 어쩔 수 없다. 아이가 어여쁘고 사랑스러운 이유는 애초에 아이라는 존재의 겉모습이 귀엽기 때문이기도 하지만 부모의 내면에 관여하는 다른 이유가 있다. 아이를 통해 부모 스스로 생애 가장 큰 존재감을 느끼기 때문이다. 이는 양날의 검과 같아서 극도의 자기 효능감과 동시에 한편으로는 도망치고 싶을 만큼 막중한 책임감을 느끼게 한다. 효능감과 책임감이라는 양가감정을 어깨에 얹고 부모라는 존재는 무한한 행복과 억겁의 두려움을 함께 느낀다.

친구를 위로하느라 우스갯소리로, 아들이라서 나는 잘 모르겠다고 했지만 생각해 보니 나 역시 마찬가지였다. 천지 분간이 어려운 어린아이는 부모가 곁에 없으면 그야말로 목숨이 위태로운 상황에 놓이기도 한다. 젓가락을 콘센트에 꽂으려 한다든지, 조그마한 장난감을 입에 넣으려 한다든지, 손이 닿지 않는 것을 잡으려다가 넘어지려 한다든지, 미끄러운 곳에서 중심을 잡지 못하고 휘청거린다든지, 그래서 아이가 어릴 때 부모는 한시도 아이의 곁을 떠날 수가 없다. 그렇게 사오 년을 한 몸 아닌 한 몸처럼 붙어 지내다가 아이가 대여섯 살쯤 되면 스스로 사리 분별이 가능해지면서 부모의 손을 조금씩 떠나게 된다. 그렇게 아이는 성장하며 스스로 해내지 못했던 것을 하나씩 할 수 있게 된다. 그런데 위험한 상황으로부터 아이가 조금씩 안전해지면서 부모는 역설적인 상황에 놓인다. 효능감과 책임감이 동시에 저하되는 것인데 이는 서운함과 안도감이라는 감정으로 치환된다. 아이가 성장하며 부모의 도움이 조금씩 필요 없어지면서 아이 앞에서 거의 신적인 존재로 모든 것을 해결해 주며 느낄 수 있었던 자기 효능감은 서운함으로 뒤바뀐다. 하지만 그 공백을 다행스럽게도 안도감이 메우게 되는데 손이 덜 가는 만큼 무한 책임의 굴레에서 조금은 자유로워지기 때문이다.

세상일은 신비롭게도 균형을 추종한다. 아이를 대하는 마음 역시 마찬가지다. 기쁨과 함께 책임이 따르고, 서운함이 생기면 안도감이 따라온다. 그렇게 생각하니 가장 사랑하는 사람의 존재 변화를 받아들일 수 있을 것도 같다. 눈에 넣어도 아프지 않을 자식이라는 말처럼 아이는 분명 부모가 온 우주에서 하릴없이 가장 사랑할 수밖에 없는 존재임이 분명하다. 그토록 어여쁘니 크는 것이 아깝다며 아이의 현재 상태를 떠나보내기 아쉬운 마음이 드는 것도 당연하다. 하지만 인간이 세상의 이치를 부정할 수 없으니 서운하고 아쉬운 마음을 달래기 위한 차선책으로 성장하는 아이를 바라보며 내가 느끼는 이 감정을 오롯이 들여다볼 수밖에 없다. 그리고 마음을 달래기 위한 나름의 해답을 어설프게라도 주워 담아야 한다.

한두 살 먹은 여느 남자아이들이 그러하듯 우리 집에 사는 두 돌 지난 남자아이 역시 자동차를 무척이나 좋아한다. 아이는 길을 가다가도 자동차를 보면 시선이 멈추고, 아파트 주차장을 드나드는 자동차를 바라보는 것이 삶의 낙이라도 되는 것처럼 제자리에 서서 하염없이 자동차를 바라본다. 그런 아이의 반짝이는 눈을 바라보고 있으면 문득 궁금해진다. 그에게 이 세상은 온통 처음 보는 것으로 가득할 텐데 왜 유독 자동차에 관심을 보이는 것일까. 자동차, 공룡, 로봇을 좋아하는 것이 남자아이들의 본능인지도 모르지만, 한편으로는 '집에서 자동차와 관련된 장난감과 책을 많이 접했기에 세상에 나와 자신이 집에서 경험한 것을 실제로 마주하여 반가운 마음이 들었던 것은 아닐까.' 하는 생각도 든다. 그런 생각에 이르자 문득 책임감이 실체화되어 나를 노려보는 것 같다.

아직 아무것도 그려져 있지 않은 아이의 세상에 나는 어떤 바탕을 그려주고 있을까. 갓 태어난 짐승이 처음 움직이는 물체를 마주하여 그것을 부모라고 인식하는 것처럼 아이의 세상에서도 부지불식간에 각종 각인 현상이 일어나고 있는 것은 아닐까. 올바른 사람, 올바른 감정, 올바른 세상을 알려줘야 할 텐데, 잘못된 사람, 잘못된 감정, 잘못된 세상을 나도 모르는 사이 아이에게 전수하게 될까 두려운 마음이 앞선다. 아이의 세상에 어떤 것들을 뿌리내리게 할 것인가. 좋은 것만 보여주고 싶고 넓은 세상을 보여주고 싶은 것이 부모의 마음인데, 나는 아이에게 세상의 어느 부분까지 보여줄 수 있을까, 보여주고 있을까.

요즘 아이가 즐거워하며 몰입하는 것은 단연코 비눗방울이다. 아이가 비눗방울 놀이하는 모습을 가만히 지켜본다. 비눗방울 채에 비눗방울을 투덕투덕 묻히고는 나름의 세심함을 발휘해 조심스레 들어 올린 뒤 비눗방울을 만들어내기 위해 채를 살살 흔들어댄다. 대부분은 성공하지 못하고 중간에 터져버리고 말지만 열에 한두 번은 성공적으로 비눗방울을 만들어낸다. 쉼 없이 몰입하여 끊임없이 실패를 거듭해가면서 어렵게 성공해낸 한 두 번의 동그란 비눗방울을 아이는 해맑게 웃으며 아무렇지 않다는 듯 손을 뻗어 터트린다.

아이가 몰입하는 것을 바라보고 있으면 인간은 창조의 욕구가 있는 존재라는 사실을 믿게 된다. 요즘 아이는 "내가 해볼게."라는 말을 많이 한다. 저 어린아이조차 자기 힘으로 무언가를 만들어내고, 해내고자 하는 욕구가 있다는 것. 그 욕구를 잘 보살펴 자신의 삶을 일궈나가는 기쁨을 알아차릴 수 있는 사람으로 자리도록 돕는 일이 부모 된 도리라 생각한다. 늘 그러하듯 부모로서 마땅히 해야 할 일이라는 생각이 드는 것들을 생각하다 보면 기쁜 중압감이 밀려온다. 쉽지 않은 일이기에 필연적으로 묵직함을 느낄 수밖에 없지만. 그것은 동시에 기쁨을 가져오기도 한다. 그것은 세상에서 가장 사랑하는 존재의 삶에 관여하고 있기 때문이며 그 일련의 과정은 곧 창조와 사랑이라는 위대한 가치를 실현해내는 일이기 때문이다.

그런데 그토록 애를 써가며 무수한 실패 끝에 어렵사리 완성해 낸 비눗방울을 아이는 어찌 아무렇지 않게 터뜨릴 수 있는 것일까. 성인은 쉽사리 그런 행동을 하지 못한다. 우리는 얼마나 성취에 예민하며 또 목말라 있는가. 본인이 이룬 작디작은 성취에 도취되어 행여나 그것이 바스러질까 전

전긍긍하는 모습을 얼마나 많이 목격해왔는가. 아이의 행동과 어른의 행동 이면에는 각각 어떤 이유가 숨겨져 있기에 이런 차이가 생기는 것일까. 그저 아무 생각 없이 벌이는 아이의 무의식적인 행동일 뿐이라고, 움직이는 것에 반사적으로 손을 뻗는 아이의 행동 양식 때문이라고 쉽게 결론지어도 문제 될 것은 없다. 다만 아무런 의미가 없어 보이는 아이의 비눗방울 터뜨리기에서도 의미를 한 번 찾아보려는 것. 그것은 무채색의 삶을 유채색으로 변화시키려는 노력이자 이 책을 쓴 이유이기도 하다.

아이가 어른과 달리 어렵사리 성취해낸 것을 쉽게 허물 수 있는 이유는 자신이 무한한 가능성을 품고 있는 존재라는 것을 무의식중에 인지하고 있기 때문은 아닐까. 성인이 자신의 성취를 허물기 어려운 이유는 앞으로 내 생에 남아있을 성취가 얼마 없다는 것을 은연중에 깨닫고 있기 때문일지도 모른다. 나의 능력, 남은 시간, 주어진 환경, 살아온 삶의 패턴, 나를 둘러싸고 있는 이미 고정되어 버린 여러 조건. 그러한 것들을 이미 너무도 정확하게 파악해버려서, 앞으로 내 인생에 남아있을 성취라는 것들이 비루하고 보잘것없을 것이라는 사실에 지금 손에 쥔 성취를 차마 내려놓을 수 없는 것은 아닐까. 아이가 비눗방울을 쉽게 터뜨릴 수 있는 또 다른 이유는 무한히 사랑받고 있다는 자신감 때문은 아니었을까. 어른들은 실수나 손실을 두려워하고 부끄러워한다. 실수하더라도, 가진 것을 잃어버리더라도 나를 무한히 사랑해 줄 사람이 얼마 없다는 것을 알고 있기 때문이다. 그래서 죽고 나면 한 줌도 되지 않을 세속적 욕망에 집착한다. 쥐고 있어야 사랑받을 수 있을 테니까. 하지만 아이는 다르다. 존재만으로도 사랑받고 비눗방울이 떨어지면 언제고 웃으며 무한히 채워주리라 기대할 만큼 자신을 사랑해 주는 존재가 곁을 지켜주고 있다. 그토록 든든한데 어렵게 성공해낸 비눗방울쯤이야 터뜨리면 어떻고 날려 보낸들 어떨까.

결국에는 사랑이다. 자기를 사랑하는 마음, 서로 사랑을 주고받는 마음, 조건 없는 사랑, 무한한 사랑, 오직 사랑만이 모든 두려움을 이겨낼 수 있게 한다. 우리가 얼마 안 되는 짧은 삶을 두려워하는 이유는 어쩌면 사랑이 부족하기 때문일지도 모른다. "이대로 죽을 순 없다."와 "이대로 죽어도 좋아."는 결국 얼마큼 사랑을 주고받았는가에 의해 판가름 될 최후 변론인 셈이다. 그렇게 우리는 다시 돌아오지 않을 네다섯의 삶을 살아가는 아이가 내뱉은 말을 차곡히 기록하고 사색하며 아이의 한 시절을 천천히 떠나보낼 준비를 하고 있다.

목차

프롤로그 004

Chapter 1 "어떻게 이런 생각을?"
아이만 할 수 있는 말

나 지금 다섯 살 되고 있어? 017 | 죠스바는 파란색 맛 020 | 파리는 식물 친구들이 좋아하는데 023 | 나는 귀여우니까 봐줘 026 | 나쁜 사람 없어 029 | 응가를 세게 말하면 쌍이응이잖아 032 | 나는 맨날 꿈꾸는데 035 | 나이를 먹으면 입맛이 바뀌어? 038 | 나 눈치 재빨라 041 | 아빠 우리 같이 놀자 043 | 제 아빠예요! 제 아빠예요! 045 | 강아지가 없으니까 나만 산책시켜 주면 돼 048 | 그럼 사진을 많이 찍어 놓으면 되지 051

Chapter 2 "그러게 말이야…"
부모의 말문이 막히는 말

엄마가 그렇게 짜증이 많은 사람은 아니야 057 | 아빠는 초록불에 건넜는데 차가 빵 치고 갔어 060 | 할 수 있겠어? 064 | 지금 그럴 시간 아니야, 집중해! 067 | 우리 나가면 외롭지 않겠어? 070 | 아빠 밥 많이 먹어 073 | 악당한테도 엄마가 있어? 076 | 대신 내가 선물이라고 하자 079 | 그게 전부야 082 | 하루가 너무 짧아, 그치 아빠 085 | 내가 아플 땐 엄마 아빠가 옆에 있는데 088 | 근데 계속 기다려도 안 오면? 091

Chapter 3 "벌써 이렇게 컸구나!"
아이의 성장을 실감하는 말

그래도 괜찮아, 다시 하면 되잖아 097 | 할아버지랑 같이 먹게 보라색 포도도 사줘 100 | 아빠, 라온을 하나 더 사자 103 | 긁어줘, 긁어줄 수 있어? 106 | 이제는 삼십오라고 읽어 109 | 나 이거 기다리고 있었는데, 왔어! 112 | 어? 갇혀 버렸네, 나 115 | 원래 사람 마음은 변하는 거야 119 | 아이들이 너무 가고 싶어 해서 간대 122 | 블록도 마음이 있대? 125 | 아니야, 말이 잘못 나왔어 127 | 아빠 오늘은 목 안 아파? 130

Chapter 4 "그래, 네 말이 맞다."
부모를 성숙하게 하는 말

힘들 때는 도와주는 거야 137 | 나한테는 하지 마 140 | 내가 살고 있는 나라니까 143 | 그냥 재미없었어 147 | 나 집중하고 있어 151 | 엄마 나 좀 도와줄래? 154 | 그냥 원래 그런 거야 157 | 그건 그냥 티브이 안에만 있는 거야 161 | 나는 그 정도로 훌륭한 사람이 아니야 164 | 엄마를 보면 엄마 생각을 안 해 168 | 초콜릿 싫어하는데 이건 맛있다 171 | 우리 노래 부르면서 갈까? 174 | 지금도 하고 싶은 거 다 하면서 살고 있어 177

Chapter 5 "그게 너의 마음이구나."
아이의 진심이 담긴 말

언제 나이를 안 먹어? 183 | 한시도 떨어지지 말자는 말 그만해, 내가 금방 오니까 185 | 느낌이 어떨까? 188 | 그 노래 부르지 마 191 | 나도 주사가 무서웠는데 꾹 참았어 194 | 아빠랑 조립하기로 했는데 197 | 힘든 게 아니라 어려워 200 | 용사도 사람이야 203 | 가끔 내 마음속에 삐지는 마음이 생겨 205 | 아빠 하늘나라에 가지 마 208 | 엄마 아빠, 나 놓고 가는 거 아니지? 212 | 아빠, 바둑은 술래잡기 같아 215 | 그래도 처음에는 좋았잖아 218 | 선생님이랑 친구들 것을 챙겨놓으려고 220

Chapter 6 "고맙고, 고맙고, 그저 고마워."
부모의 가슴을 울리는 말

가족이니까 229 | 우리 이거 또 해보자, 이거 정말 재밌다 232 | 가을이 집에 몰려오는 것 같애 236 | 아이스크림보다 엄마가 더 좋아 239 | 엄마 아빠를 지켜주려고 242 | 저녁이 되면 가족들이 집에 모이잖아 245 | 나랑 제일 친한 친구는 아빠야 248 | 1월이 되면 안 되겠다 251 | 아빠한테 다 배웠어 254 | 나는 뚱뚱한 뚱이 아빠가 좋아 256 | 내가 그런 거 안 해도 아빠는 조립해 줘 259 | 아빠는 그러면 안 되지 262

에필로그 267

Chapter 1

"어떻게 이런 생각을?"

아이만 할 수 있는 말

아이들은 우리가 잊어버린
방식으로 세상을 본다.

― 키스 해링 ―

나 지금 다섯 살 되고 있어?

아들 아빠 근데 우리 집에서 제일 뜨거운 게 뭐야?

아빠 글쎄 뭘까?

아들 나는 알아. 그건 바로 다리미야.

아빠 맞다. 다리미가 제일 뜨거운 거네.

아들 우리 집에 다리미 말고 또 뜨거운 거 없어?

아빠 있지. 가스레인지가 뜨거워. 불이 나오거든. 그래서 엄마 아빠가 요리할 때는 주방으로 오지 말라고 하는 거야.

아들 나도 그럼 어른 되면 아기들한테 주방에 오지 말라고 말해줄래.

아빠 정말? 그래 그렇게 해줘.

아들 응 다섯 살 되면, 나 지금 다섯 살 되고 있어?

아들은 다섯 살이 되면 어른이 된다고 생각하는 모양이다. 네 살인 현재는 하지 못하는 것들을 다섯 살이 되면 할 수 있다고 요즘 들어 자주 강조한다. 어린 동생들에게 위험을 알리는 일 또한 다섯 살이 되면 할 수 있는 어른의 특권쯤으로 생각하고 있다는 것이 깜찍하다. "나 지금 다섯 살 되고 있냐."는 아이의 질문은 그래서 진지하다. 다섯 살을 어른이 되는 관문으로 생각하고 있기에 그렇다. 아이는 다섯 살이 되면 무엇을 하고 싶은 것일까. 아니 그보다 어른이 된다는 것은 아이에게 어떤 의미가 있는 것일까. 다섯 살이 되면 본인이 할 수 있다고 말하는 것들은 다음과 같다.

혼자서 티브이를 켜서 보고 스스로 끄기
아기들에게 주방에 오지 말라고 말하기
엄마 아빠에게 요리를 만들어주기
글자로 된 책을 혼자서 읽기
키가 아빠보다 커지기
엘리베이터 혼자 타기

이미 할 수 있을 것 같은 일도 있고 다섯 살이 되더라도 도저히 할 수 없을 것 같은 일도 있지만 중요한 점은 아이가 꿈을 꾸고 있다는 것이다. 꽤 구체적으로 자기 미래를 상상하기 시작했다는 것이 인상적이다. 다섯 살이 되면, 어른이 되면, 유치원에 가면, 이런 식으로 자신의 앞날을 상상하고 이야기하며 즐거워한다. 미래를 꿈꾸고 그것에 관해 이야기하며 즐거워하는 일은 쉬운 일도 흔한 일도 아니다. 젊어서는 자신을 알지 못해서, 늙어서는 너무 잘 알아서 그렇다. 그래서 미래에 대한 청사진은 생의 어느 시절에도 쉽게 그려낼 수 있는 만만한 것이 아니다. 그것을 지금 이 조그마한 네 살의 어린아이는 즐겁게 해내고 있다.

얼마나 큰 기대와 설렘으로 다섯 살이 되기만을 손꼽아 기다리고 있을까 생각하며 아이의 볼을 쓰다듬어본다. "나 지금 다섯 살 되고 있어?"라고 천진하게 물어오는 아이의 빛나는 눈빛을 가만히 바라보며 "그럼~ 매일 조금씩 다섯 살이 되고 있지."라고 답을 한다. 아이는 손을 번쩍 들어 올리며 알아들을 수 없는 기쁜 환호성을 지르며 이불 속으로 뛰어든다.

죠스바는 파란색 맛

아빠 아들~ 아들은 어떤 아이스크림 좋아해?

아들 죠. 슈. 바. 아이슈크딤.

아빠 죠스바 아이스크림은 무슨 맛인데?

아들 파란색 낫 아이슈크딤.

아빠 파란색 맛? 파란색 맛은 무슨 맛이야?

아들 죠슈바 맛.

아빠 응? 죠스바 맛이 무슨 맛이야?

아들 파란색 맛.

아이는 36개월이 될 때까지 말을 하지 않았다. 말이 또래보다 늦게 트여 걱정스러웠던 마음이 컸던 만큼 아이의 말 한마디 한마디에 웃음과 감사함이 넘치는 시간을 보내고 있다. 문맥에도 맞지 않고 생각지도 못한 표현으로 자기 생각을 서툴게 표현하는 모습이 귀엽게 보이다가도 어느 순간 자기 나름의 구조를 가지고 무언가를 표현하려 애쓰는 모습이 눈에 들어와 대견하고 기특한 마음이 든다.

파란색과 맛이라는 단어는 어울리지 않는다. 파란색은 시각, 맛은 미각과 어우러지는 단어이기 때문이다. 시인들은 일부러 문학적 효과를 기대하며 어울리지 않는 이질적 단어들을 섞어 쓰기도 하지만 네 살 아이가 문학적 표현을 고려하여 죠스바는 파란색 맛이라고 표현했을 리 없다. 아이의 세상 속에 죠스바는 파란색 맛이었고 파란색을 떠올리면 죠스바가 떠올랐을 뿐이다. 죠스바와 파란색은 온전히 일대일로 연결되어 다른 것들은 파고들 수 없는 완벽한 한 쌍의 결합으로 당분간 아이의 머릿속에 머무를 것이다. 그것이 참 순수하고 심지어 대단한 어떤 것처럼 느껴져 억지로 깨뜨려서는 안 될 숭고한 연결고리처럼 느껴지기까지 한다.

인생은 끊임없는 확장의 연속이다. 어릴 적엔 사랑이라고 하면 그저 앞뒤 가리지 않고 가슴 뛰는 것만을 사랑이라고 생각하다가 나이가 들수록 사랑의 형태가 다양하다는 것을 알아간다. 모든 것이 마찬가지다. 개념은 확장되고 다른 것들과 연결되며 무한히 증식한다. 그것은 때로는 이롭지만 때로는 이롭지 않다.

죠스바와 파란색의 일대일 대응에서 확장되지 않은 완벽히 단절적이며 단일한 개념의 정의를 생각하게 된다. 죠스바는 무조건 파란색 맛이고 파란색 맛은 무조건 죠스바라는 아이의 순진성을 바라보며 두 가지 생각이 동시에 든다. 하나는 맛과 색깔에 관해 제대로 된 개념을 정립해주고 싶다는 생각이고 다른 하나는 어차피 시간이 지나면 알게 될 걸 그 순수한 세상을 조금 더 지켜주고 싶다는 마음이다. 아이를 기르며 끊임없이 마주하게 될 고민의 지점일 테다. 어디서부터 가르칠 것이고 어디까지 내버려둘 것인가. 다만 아이의 그 단순하고 확고한 세상이 조금은 부럽다는 생각이 들기도 한다.

파리는 식물 친구들이 좋아하는데

아들 파, 파, 파리~지옥. 끈, 끈, 끈끈이~주걱.

아빠 그게 무슨 노래야?

아들 파리지옥 노래야.

아빠 파리지옥이 뭔데?

아들 파리를 잡아먹는 식물이야.

아빠 식물이 파리를 어떻게 잡아먹지?

아들 (보리보리 쌀을 할 때처럼 손을 벌리며) 파리지옥은 이렇~게 입을 벌리고 있다가 파리가 들어오면 이렇게! 팍! 하고 잡아먹어.

아빠 우왜! 무섭겠다.

> **아들** 안 무서워.

> **아빠** 그럼 우리 파리나 작은 벌레를 찾아볼까. 잡아서 파리지옥 먹으라고 주자.

> **아들** 좋아. 파리는 식물 친구들이 좋아하는데.

 아이가 네 살이 되면 파리지옥 노래를 줄기차게 부른다더니 정말 어느 날부터 아이는 파리지옥 노래를 입에 달고 살았다. 책에서 몇 종류의 식충 식물을 보더니 관심이 생겼는지 유튜브를 통해 찾아본 모양이다. 유튜브에서 아이들이 좋아할 만한 리듬으로 연신 파, 파, 파리지옥을 외쳐대니 아이가 아닌 어른인 나도 금세 그 리듬과 가사가 입에 붙어 파, 파, 파리~지옥을 흥얼거리게 된다. 아이가 어찌나 파리지옥을 외쳐대는지 우리 가족은 지난 주말 파리지옥과 끈끈이주걱을 사기 위해 꽃시장에 다녀왔다. 아이는 꽃시장에 들어서자마자 예쁘고 향기로운 꽃들을 제쳐두고 "아빠 파리지옥 어딨어?"(×10)를 외친다. 다른 꽃에는 눈길 한번 주지 않은 채 뚜벅뚜벅 걸어가는 아이의 뒷모습에서 오직 파리지옥만을 찾겠다는 집요한 열정이 정수리를 통해 뿜어져 나오기라도 하는 것처럼 느껴진다. 그렇게 원하고 원하던 파리지옥과 끈끈이주걱을 양손에 하나씩 들고 아이는 해맑은 웃음을 짓는다. 물도 듬뿍 주고, 햇살도 충분히 받고 무럭무럭 자라나라고 창틀에 슬쩍 올려둔 모양새를 보니 파리지옥과 끈끈이주걱을 대하는 아이의 마음을 알 수 있다. 아이는 잠시 무언가 생각하더니 파리지옥은 파리를 먹어야 한다며 벌레를 찾아야 한다고 했다.

"아빠 파리 어딨어? 파리는 식물 친구들이 좋아하는데." 언제 봤다고 벌써 친구가 되었는지 붙임성도 좋다. 그래 식물과도 그렇게 금세 친구가 되는 것을 보니 유치원 생활을 걱정하지 않아도 되는 건가 싶은 마음이 든다. 가만히 쪼그리고 앉아 창틀에 올려진 파리지옥과 끈끈이주걱을 바라보고 있는 아이의 뒷모습이 늦은 오후의 포근한 햇살과 어우러져 눈이 부시게 아름답다.

나는 귀여우니까 봐줘

아들 아빠 빨리해.

아빠 알겠어. 아빠 주사위 좀 줘.

아들 여기 있어.

아빠 얍, 3 나왔다. 아니 이런! 덫에 걸려 버렸잖아. 한 번 쉬어야겠네.

아들 으하하 진짜 웃기다. 이제 아빠는 주사위를 던질 수가 없어.

아빠 맞아 다음 차례에 한 번 쉬어야 해. 이번엔 아들 차례야 던져봐.

아들 어? 2가 나왔다. 나도 덫에 걸려 버렸네.

아빠 앗 그럼 아들도 다음 차례에 주사위를 던지면 안 되겠네!

아들 나는 귀여우니까 봐줘.

> **아빠** …?

　게임은 이겨야 재미지만 그래도 반드시 지켜져야 할 것이 있다. 그것은 규칙을 준수하는 일이다. 규칙을 지키면서 승리를 거머쥐었을 때 희열은 극대화된다. 하지만 아이는 아직 그런 것은 뒷전이라는 듯 수단과 방법을 가리지 않고 오직 승리하는 데 혈안이 되어있다. 얼마 전까지는 주사위를 던져서 벌칙이 주어지는 자리에 도착하게 되면 울면서 떼를 쓰더니 이제는 자신이 원하는 숫자가 나올 때까지 주사위를 계속 던진다. 그러다가 오늘은 웬일인지 그런 것을 미리 생각하지 않고 주사위를 던진 모양이다. 한 차례 쉬어가야 하는 자리에 걸린 뒤에 내놓는 말이 자못 뻔뻔하기도 하고 그 태연한 당당함이 우습고 귀여워 한참 동안 아이의 얼굴을 바라보다 머리를 쓰다듬고 만다.

　귀여우니 봐달라는 그 생각과 표현이 당돌하다. 자신을 확실하게 사랑해 주는 사람에게만 던질 수 있는 호기로운 배짱이다. 이럴 때면 규칙 준수를 통한 사회성 함양과 충만한 애정을 통한 정서적 안정감 중 무엇의 손을 들어줘야 하는지 고민에 빠지게 되지만 아직은 사랑의 손을 들어주는 것으로 결론지을 때가 많다. 언젠가 사랑보다 질서의 손을 들어주게 되리라는 것을 안다. 모난 돌이 되지 않기를 바라는 마음에서, 원만한 인간관계와 그로 인해 얻을 수 있는 수많은 가치를 위해서, 규범과 관습과 상식을 익히지 못해 잃게 될지도 모를 유무형의 가치를 생각하며, 내 자녀가 울타리 밖의 들짐승이 되지 않기를 바라는 마음으로 온갖 세상의 기준들을 들이대는 날이 언젠가 반드시 올 것을 안다. 그 순간이 언제일지 모르지만 가장 중요한 것 하나만은 잊지 않기를 바란다. 세상의 어떤 가치와 기준들을 인식하건 못하건, 습득하건 못하건, 수행하건 못하건, 여전히 제자리에서 너를 사랑하고 응원하는 사람들이 있다는 것. 뭉근한 애정을 담은 시선으로 너만의 기준을 찾아가는 것을 응원하며 지켜보는 사람들이 있다는 것. 그렇게 마음과 마음이 연결될 때, 지켜야 할 것은 자연스레 지켜지게 되리라 믿는다.

나쁜 사람 없어

아빠 아들, 어린이집 친구 중에 ○○이가 왜 좋아?

아들 웃겨.

아빠 재미있어서 좋구나. 그럼 ○○이는 어때?

아들 맨날 울어, 근데 착해.

아빠 그렇구나, 그 친구는 자주 우는구나 그럼 ○○이는 어때?

아들 착해.

아빠 그럼 혹시 아들을 힘들게 하거나 슬프게 하는 친구는 없어?

아들 응! 나쁜 사람 없어.

세상에 차고 넘치는 것이 나쁜 사람인데 나쁜 사람은 없다는 아이의 말에 절반의 안심과 절반의 걱정이 동시에 든다. 아직까진 특별히 걱정할 만한 환경에 노출되지 않았다는 것에 대한 안도감, 그와 동시에 언제든 나쁜 환경에 노출될 수 있다는 불안감이 뒤죽박죽 섞인다. 한 번 들은 욕을 희석하기 위해서는 서른 번의 따듯한 말이 필요하다는 어느 연구결과는 긍정의 말보다 부정의 말이 훨씬 강력하다는 것을 입증한다. 이에 근거한다면 안도와 걱정이 반씩 섞인 마음이 금세 불안의 힘에 압도되는 것은 어찌 보면 당연한 것처럼 보인다.

그린벨트는 국가가 지정한 청정구역이다. 그린벨트를 해제함과 동시에 돈 냄새를 맡은 사람들이 몰려온다. 그들은 땅을 사고 건물을 짓고 길을 낸다. 개발이 성공한다면 그곳은 번영을 누리게 되지만 실패한다면 유령도시가 되고 만다. 아이의 세상 역시 아직은 청정하다. 부모라는 강력한 울타리가 청정함을 유지하도록 돕기 때문이다. 하지만 아이의 그린벨트는 곧 해제된다. 해제의 권한은 부모에게 있지 않다. 그 권능은 오직 세월에 의해 집행된다. 세월이 흘러 나이를 먹으며 아이는 끊임없이 새로운 환경에 노출된다. 새로운 사람, 새로운 경험, 새로운 지식, 그에 더해 자신의 정신적, 신체적 역량 역시 변화한다. 변하는 내적 외적 상황들은 어느 순간 부모라는 그린벨트를 강력하게 거부한다. 그리고는 자가발전을 시작한다. 이 시기가 되면 부모의 영향력은 미미해진다. 만약 아이의 자가발전이 부정적인 쪽으로 진행된다면 그것을 지켜볼 수밖에 없는 부모는 불안해진다. 이미 효율이 바닥인 부모와의 접촉을 여전히 고수하려 하지만 이쯤 되면 부모의 말은 거의 먹혀들지 않는다.

그래서 어린 시절이 중요하다. 아직 부모의 말이 아이의 마음에 가닿는 시절, 급격한 자가발전이 시작하기 전에 충분한 양분을 제공해야 한다. 부정적 환경에 노출되더라도 그것이 부정적인 것임을 스스로 인지하고 자신의 행동을 긍정적인 방향으로 끌고 갈 수 있는 힘을 이때 길러놓아야 한다. 닥쳐서 해결하려 하면 늦는다. 많은 에너지를 투입하지만, 결과가 좋지 않을 때가 많다. 예방이 최선이며 준비만이 유일한 대책이다.

응가를 세게 말하면 쌍이응이잖아

아들 받침은 쌍기역이랑 쌍시옷만 있어?

아빠 응 글자 받침에는 'ㄴ', 'ㅎ'처럼 서로 다른 모양인 두 개의 자음이 오기도 하는데 같은 모양이 두 개 올 수 있는 건 쌍기역과 쌍시옷만 있어.

아들 그럼 처음 앞에 오는 건?

아빠 처음 올 수 있는 자음은 쌍디귿도 있고 쌍비읍, 쌍지읒도 있지.

아들 쌍이응도 있어?

아빠 아니, 쌍이응은 쓸 수 없어.

아들 아니야 있어. 응가를 세게 말하면 쌍이응이야.

응가와 응~~가는 분명 소리의 세기가 다르다. 하지만 응가나 응~~가나 둘 다 글로 표현할 때는 똑같이 응가로 적는다. 나는 한 번도 해본 적 없는 생각이 아이의 입을 통해 나오는 것을 목격할 때면 대자연 앞에서 경탄할 때와 비슷한 감정을 느낀다. 그것은 황홀하면서 즐거운 경험이다. 응가와 응~~가처럼 실생활에서 분명 다른 소리로 발현되지만, 그것을 구현해 낼 글자가 마땅히 없어 두 소리의 차이를 구분 짓지 않고 같은 형태로 표현할 수밖에 없을 때가 있다. 아이의 말을 듣고 생각하니 고개가 끄덕여진다. 응가를 좀 더 세게 표현하기 위해 끙아, 끙가 같은 글자를 써봐도 무언가 마뜩잖다. 언어학자가 아닌 탓에 이응이 왜 겹받침에도, 된소리에도 포함되지 못했는지 몰라 응가를 세게 적고 싶다는 아이의 생각에 가닿을 마땅한 설명이나 반박을 떠올리기 어렵다.

이름을 붙여 존재를 확정 짓는 것은 중요하다. 훈련소에서 158번 훈련병으로 불릴 때와 이름으로 불릴 때, 부르는 사람과 불리는 사람의 관계에는 미묘한 차이가 형성된다. 수업 시간에 '거기 뒤에서 세 번째 줄 학생'이라고 불릴 때와 이름으로 불릴 때 학생의 반응은 달라질 수밖에 없다. 전자는 독자성이 없는 무색무취의 존재로 다루어짐을 뜻하고 후자는 존재의 유일함을 인정받았기에 그렇다. 그래서 우리는 마음을 주고 싶은 존재가 생기면 그 존재를 정확히, 혹은 새로이 명명하려 한다. 아이가 태어나기 전에 태명을 짓는 행위, 친한 친구를 별명으로 부르는 행위, 사랑하는 사람을 애칭으로 부르는 행위들이 그렇다.

방귀대장 뿡뿡이는 있는데 응가대장은 왜 없는 걸까. 소리로 존재를 명명할 수 없다면 캐릭터로라도 그 존재를 그려볼 수 있으면 좋겠다는 생각을 해본다. 응가와 응~~가는 분명 다르다. 다른 것은 다르게 바라봐야 한다. 포도라고 다 같은 포도가 아니고, 강아지라고 다 같은 강아지가 아니다. 자세히 들여다볼 때 비로소 미세한 차이를 인식할 수 있다. 그것은 관심이자 애정이다. 우리는 그제야 제대로 된 관계로 진입할 수 있게 된다.

나는 맨날 꿈꾸는데

(노래가 흘러나온다) 꿈꾸지 않으면~ 사는 게 아니라고~

아들 아빠 꿈꾸지 않으면 어떻게 돼?

아빠 (무슨 의도인지 못 알아듣고) 응?

아들 꿈꾸지 않으면 어떻게 되냐고.

아빠 (흘러나오는 노래를 듣고 상황을 파악한다.) 아~ 아무 일도 안 생겨. 꿈이 없어도 괜찮아.

아들 나는 맨날 꿈꾸는데.

아빠 (잘못 파악했음을 깨닫고) 아~ 그 꿈~ 무슨 꿈을 그렇게 맨날 꿔?

아들 몰라, 일어나면 기억이 안 나.

아이는 언어의 다중적 의미를 아직 완전히 이해하지 못해 자신이 알고 있는 대로만 곧이곧대로 해석할 때가 있다. 예를 들면 위 사례처럼 "꿈꾸지 않으면"이라는 노래 가사의 "꿈"을 장래희망이나 미래에 대한 청사진으로 해석하지 못하고 잠잘 때 발현되는 무의식적인 현상으로만 이해하는 식이다. 바로 이 지점이 아이의 귀여움이 폭발하는 지점인데 아이의 이런 모습에 어른들은 웃음을 터뜨리며 그 귀여움에 어쩔 줄 몰라 몸서리치곤 한다.

조지 오웰의 소설 『1984』를 읽고 있었다. 『1984』에서는 전체주의 사회를 유지, 강화하기 위해 신어라는 새로운 언어 체계를 만든다. 이는 새로운 언어라기보다 그저 기존의 언어를 의도적으로 축소, 삭제한 것에 불과하다. 예를 들면 good과 bad라는 반대되는 단어가 사용되고 있다면 bad(나쁘다)를 삭제하고 ungood(좋지 않다)으로 그 표현을 대신하게 하는 것이다. 이는 나쁘다란 개념 자체를 지워버리고 좋지 않다는 말로 비판의 강도를 약화시키고자 함이며 궁극적으로 피지배계층의 사고의 폭을 제한함을 목적으로 한다. 비트겐슈타인이 "내 언어의 한계는 내 세계의 한계를 의미한다."라고 말했듯 인간은 자신이 사용하는 언어의 폭과 깊이만큼 세계를 인식하며 살아간다. 사과라는 말을 배우기 전의 아기들은 사과를 봐도 사과가 무엇인지 표현할 수 없고 사과가 무엇인지조차 모른다. 그저 '빨갛고 동그랗고 달콤함 어떤 것'쯤으로 두루뭉술하게 인식하고 표현할 뿐이다. 자신이 알고 있는 영역과 어휘만큼 세상을 바라볼 수 있기에 어린 시절 어휘를 확장하려는 노력은 몹시 중요하다. 모든 운동은 관성의 법칙의 영향을 받는다. 자본이 그렇고 지식도 그렇고 말과 행동 또한 그렇다. 커지던 것은 더욱 커지려 하고 멈춰있는 것은 계속 멈춰있으려 한다. 관성을 거스르기 위해서는 막대한 에너지가 필요하기 때문이다.

"이게 뭐야? 저게 뭐야?"를 끊임없이 물어보던 아이가 제법 커서 이제 스스로 책을 읽는다. 그리고 때때로 "오?!" 같은 소리를 내며 감탄과 경탄 어린 눈빛을 빛내곤 한다. 아마 자신이 알고 있던 어떤 것들이 서로 연결되거나 보다 선명하게 인식되는 경험을 하고 있음이 분명하다. 아이는 그렇게 자신의 세계를 끊임없이 확장하고 있다. 어느 즈음에 아이의 세계가 확장을 멈출지 알 수 없지만 가능하다면 그 확장하려는 성질이 불씨를 꺼뜨리지 않기를 바란다. 꿈이라는 하나의 단어를 듣고도 다양한 생각을 떠올릴 수 있기를, 좁은 언어의 감옥에 갇혀서 협소한 세계에 매몰되지 않기를.

나이를 먹으면 입맛이 바뀌어?

아들 아빠 나이를 먹으면 입맛이 바뀌어?

아빠 그럼~ 갑자기 그건 왜 물어봐?

아들 젤리 계속 먹고 싶어서.

　나이를 먹어도 바뀌지 않는 것이 있을까? 사람은 바뀌지 않는다지만, 나이를 먹어가면서 많은 것이 변한다고 느낀다. 신체가 노화되며 머리가 하얗게 변하거나 피부에 주름이 늘어가는 것처럼, 겉으로 드러나는 모습이 변하는 것은 자연스럽고 당연한 것처럼 여겨진다. 흰머리나 주름은 나보다 남의 눈에 먼저, 더 자주 띄기 때문에 남들에게 내가 변했다는 것을 인식시킬 수 있는 단서가 된다. 하지만 인간은 그런 외적인 변화보다 내적인 변화를 느낄 때 스스로가 이전과 달라졌다는 것을 깨닫는 경향이 있다. 그리고 이는 타인의 변화를 판단할 때도 똑같이 적용된다.

　타인의 본질이 변했는지 여전한지 판단할 때 기준으로 삼는 것은 주름이나 흰머리보다는 행동 양식이나 사용하는 언어처럼 내적인 요소일 때가 더 많다. 오랜만에 만난 친구의 흰머리를 바라보며 "변했다."라고 말하기보다는 친구의 입맛이나 가치관의 변화를 보며 "변했구나."라고 말할 때가 더 많다. 달콤한 초콜릿과 라테를 좋아하던 사람이 뻥튀기와 녹차를 맛있다고 느끼게 되고, 친구라면 목숨도 내놓을 수 있다고 생각했던 사람이 친구란 그저 내 삶의 한 부분일 뿐이라고 생각하게 되는 것, 세상에 모든 고통과 시련이 왜 나에게만 닥치는 것인지 고민하던 십 대가 그것이 평범한 인생이었음을 깨닫게 되는 것, 성공과 성취만이 인생의 유일한 목표라고 생각했던 사람이 삶의 다양성을 인정하게 되는 것. 모든 종류의 취향과 가치관의 변화가 반드시 나이 듦에 따라 일정한 방향으로 변해가는 것은 아니지만 우리는 삶의 순간순간마다 어떤 변화를 분명히 느끼며 살아간다.

아이는 자신의 변화를 알아차렸다. 그리고 지금 좋아하는 것을 계속 좋아하고 싶은 마음에 변할 수 있다는 가능성을 거부하고 싶었는지 모르겠다. 혹은 지금 좋아하는 것을 나중에는 좋아하지 않게 된다는 것이 슬펐을지도 모르겠다. 아이는 네 살에 〈헬로 카봇〉을 좋아했고 다섯 살에 〈슈퍼마리오〉를 좋아했다. 그리고 여섯 살이 된 지금은 〈포켓몬스터〉를 좋아하게 됐다. 아이에게 네 살, 다섯 살, 여섯 살에 본인이 좋아했던 장난감들을 말하자 자신이 변하고 있다는 것을 인정하는 모양새다. 그리고는 입에 물고 있는 젤리를 가만히 쳐다본다. 그토록 좋아하는 젤리를 어느 순간 좋아하지 않게 될지도 모른다는 것을 아이는 어떤 의미로 받아들였을까. 변한다는 것은 성장의 증거이면서 때로는 후퇴의 결과가 되기도 한다. 젤리를 오물거리는 아이의 입을 지그시 바라본다. 아이의 성장을 매일 확인하는 부모는 그저 빙그레 웃을 뿐이다.

나 눈치 재빨라

엄마 어… 어… 잔다. 안 돼! 지금 재우면 안 돼. 빨리 깨워!

아빠 아들! 정신 차려! 아빠랑 쌍권총 할까?

아들 (눈을 반쯤 감은 채) 좋아.

아빠 쌍권총! 하나 빼기 일!

아들 (갑자기 눈을 부릅뜨며) 어? 아빠, 바꿨어.

아빠 아니야 안 바꿨어.

아들 아니야 바꿨어. 나 눈치 재빨라. 이건 반칙이야.

차로 이동하다 보면 아이가 갑자기 조용해질 때가 있다. 이유는 둘 중 하나다. 무언가를 가만히 구경하고 있거나 잠이 들었거나. 그런데 애매한 시간에 차에서 잠들어버리면 에너지가 회복돼 늦은 시간까지 잠을 안 자기 때문에 어린이집을 졸업하고 유치원에 다닐 무렵부터 가능하면 낮잠을 재우지 않으려 애를 썼다. 그래야 한두 시간이라도 자유로운 저녁 시간을 확보할 수 있기 때문이다. 그날도 그런 날이었다. 주말을 이용해 나들이를 다녀오던 어느 날, 아이의 눈꺼풀이 스르륵 아래로 내려오기 시작했다. 운전하던 아내는 아이가 잠들려는 그 찰나의 순간을 재빨리 알아채고 다급한 목소리로 지금 재우면 큰일 난다는 듯 임무를 부여했다. 어떻게 하면 잠을 깨울 수 있을까 하다가 요즘 재미를 붙인 쌍권총, 하나 빼기 일! 놀이로 아이의 시선을 끌었다. 주먹을 느리게 내밀고 있는 내 손을 쳐다보며 아이는 보를 내밀었다. 나는 재빨리 주먹을 가위로 바꿨다. 그리고는 생각지도 못한 아이의 반응에 그만 웃음이 터져버렸다.

"나 눈치 재빨라."

눈치가 빠른 것도 아니고 눈치가 재빠르다니, 그 표현과 말투와 표정의 삼박자가 너무 진지하고도 근엄해서 하마터면 잘못했다는 말이 나올뻔했다. 몇 번의 장난 덕분에 아이는 잠이 깼는지 다시 재잘대기 시작했다. 그렇게 눈치가 재빠른 아들은 단 한 번의 반칙도 허용하지 않고 반칙하는 아빠를 혼내느라 근엄해졌다가 가위바위보를 이겨서 깔깔거리기를 반복하며 무사히 집에 도착했다.

아빠 우리 같이 놀자

아들 아빠 우리 같이 놀자.

아빠 그래 같이 놀자~ 오늘은 뭐 하고 놀까?

아들 마리오와 악당 놀이하자. 내가 마리오 아빠가 악당 해.

아빠 아들이 몇 살 될 때까지 이렇게 아빠랑 같이 놀까?

아들 백 살.

아이가 자기 생각을 말로 표현하기 시작한 지 이제 일 년 반이 되어간다. 빠빠빠로 시작한 옹알이가 아빠가 되었고, 아빠, 아빠, 하던 단어는 문장이 되었다. 그리고 그 문장 또한 점점 다듬어지고 세밀해진다. 아이의 표현력이 성숙해져 간다는 것은 성장을 뜻하기에 기쁘고 반길 일이면서도, 아이가 크는 것이 아까워 조금 천천히 자랐으면 좋겠다는 다른 부모들의 말도 이제는 오롯이 이해가 된다. 혼자서 몸도 가누지 못하여 버둥거리는 것 말고는 아무것도 할 수 없는 신생아 시절도, 혼자서 뒤집고, 앉고,

서고, 걷는 폭풍 같은 성장의 시절도 다른 무엇과 바꿀 수 없을 만큼 아름답고 귀한 시절이지만 그때는 몸과 마음이 힘들어 오롯이 아이의 아름다움을 담아내지 못했다. 말을 하기 시작하면 아이가 더 예뻐 보인다는 사람들의 이야기는 사실이었다. 아이의 입에서 나오는 말은 부모를 울고 웃게 만든다. 울고 웃는 현상은 겉으로 보기에 상반된 것처럼 보이지만 그 원인은 같다. 감동 때문이다. 아이의 말에는 어른의 말과 다른 매력이 있다. 그 매력의 근원은 솔직함이다. 아이의 솔직함은 상대방을 무장해제 시키기도 하고 때로는 어처구니없는 상상력에 너털웃음을 짓게 하기도 한다.

  백 살까지 아빠와 함께 놀겠다는 아이의 말은 분명 솔직한 마음일 테다. 세월의 흐름에 따라 그 마음은 변하겠지만 적어도 지금까지는 유효한 솔직함이 분명하다. 언젠가 변할 것이 확실한 대상의 빛남은 그 유한함에 힘입어 광채를 발한다. 그리고 그런 존재를 인식할 수 있는 사람은 필연적으로 감사함을 느낄 수밖에 없다. 부모는 자녀를 떠나보내기 위해 기른다. 잘 떠나보내는 일, 잘 떠나는 일, 그것이 부모와 자녀의 피할 수 없는 운명이겠지만, 백 살까지 함께 하겠다는 아이의 순진하고 솔직한 말을 오늘은 가슴에 담는다.

제 아빠예요! 제 아빠예요!

아빠: 선생님. 오늘 유치원에서 생일파티를 한다길래 케이크 가져왔습니다.

교사: 고생하셨어요. 아버님. 아이가 좋아하겠어요.

아빠: 선생님들이 고생이시죠. 그럼 들어가 보겠습니다. 수고하세요.

교사: 네, 안녕히 가세요.

(올라오는 엘리베이터를 기다린다. 마침 유치원 아이들이 등원하고 있던 모양인지 엘리베이터 안에서 왁자지껄한 아이들의 목소리가 듣기 좋은 하모니를 이룬다.)

아들: 어? 아빠다.

아빠: 어? 딱 만났네? 생일 축하해~ 케이크 주려고 잠깐 들렀어.

아들: 제 아빠예요! 선생님, 제 아빠예요! 우리 아빠야!

고슴도치도 제 자식은 예뻐 보인다고 했던가. 부모들은 아이의 어린 시절 그 어여쁨과 감당하기 힘들 만큼 벅찬 감동을 주체하지 못해 남들에게 사랑스러운 자기 자식을 자랑하고 싶어 근질거리는 입을 힘겹게 다문다. 그것은 드러내어 자랑하고 싶은 마음이다. 이렇게 예쁘고 사랑스럽고 감동을 주는 존재를 널리 알리고 싶은 마음, 그래서 누군가를 자랑스러워하는 감정은 그 대상에 대한 최고의 칭찬이자 자신에게도 최고의 선물인 셈이다. 우리는 누군가를 자랑스러워하기도 하고 때로는 누군가를 부끄러워하기도 하며 살아간다. 부모를, 연인을, 배우자를, 자녀를, 친구를, 동료를, 때로는 일면식도 없는 스쳐 지나는 인연을 바라보면서도 우리는 자랑스러움과 부끄러움을 느낀다. 아이에게 나는 자랑하고픈 아빠였을까. 그것이 아니라면 그저 집 밖에서 갑작스레 만나 반가웠던 것뿐이었을까.

"저희" 아빠도 아니고 "제" 아빠라고 다급하게 외칠 만큼 아이의 마음은 순수하고 간결하다. 아이의 속을 명확히 알 수는 없겠으나 적어도 아빠를 부끄러워하지 않았음에 안도하고 살뜰히 반겨준 그 모습에 가슴이 뭉클해진다. 최선을 다해 아이를 기르고자 마음을 다잡고 행동을 살피며 살아가지만 때로는 미처 알아차리지 못한 잘못을 저지르기도 했을 테고 알면서도 힘들다는 핑계로 아이를 외면했던 순간도 부지기수였다. 아이들은 늘 부모를 용서한다는 오은영 박사의 말처럼 아이는 다행스럽게도 아직은 아빠의 좋은 면을 더 크게 바라봐 주고 있음이 분명하다. 아이의 콩깍지가 벗겨지는 순간이 언젠가 분명 찾아오겠지만 그 시점을 미룰 수만 있다면 그저 하염없이 밀어내고 싶다는 생각을 한다. 그리고 나 또한 언제고 너를

"제 아들이에요, 제 아들."이라고 그렇게 힘주어 불러주리라 마음먹는다.

강아지가 없으니까
나만 산책시켜 주면 돼

아빠 요 앞 공원에서 개 물림 사고가 있었대.

엄마 응? 어쩌다가?

아빠 강아지 동호회 사람들이 대여섯 명 모여서 공원에 산책시키러 나왔나 봐. 근데 목줄을 안 매고 나온 개가 있었던 거지. 그 개가 산책하던 다른 개한테 달려들어서 물었다네.

엄마 산책을 시키려면 당연히 목줄을 하고 나가야지 참….

아빠 그러니까. 피해 견주가 고개만 까딱하고 가는 가해 견주를 불러 세워서 뭐라고 했나 봐. 그러니까 동호회 사람들이 우르르 몰려와서 별일도 아닌데 일 크게 키운다고 하면서 단체로 뭐라고 하더래. 그걸 옆에서 지켜본 목격자가 제발 강아지 산책시킬 때는 목줄 좀 채우고 나오라고 호소문을 어디에 적어서 올렸나 봐.

아들 (가만히 듣고 있다가) 근데 우린 강아지가 없으니까 나만 산책시켜 주면 돼.

집 앞 공원에서 벌어진 고삐 풀린 강아지와 강아지 주인들의 이야기를 심각하게 하던 우리 부부는 아들의 말에 그만 빵 터져버렸다. 산책이 하고 싶었던 것인지, 주말에 자전거를 탔던 기억이 난 것인지, 본인이나 산책시켜 달라는 아이의 말에 순간 웃음이 터져 거실 바닥에 드러누워 한참을 웃었다. 공공질서와 매너에 관해 이야기해볼 수도 있는 좋은 대화 소재였지만 아이의 말에 그저 킬킬대며 웃느라 "뭐라고?"만 아이에게 연발할 뿐이었다.

"뭐라고~? 방금 뭐라고 했어?"
"나만 산책시켜 주면 된다고."

아이는 귀찮다는 듯 아빠를 쳐다보지도 않은 채, 재차 산책시켜 달라는 말을 반복한다. 산책을 시켜달라는 아이의 말이 우습고 귀여워 또 한참 아이를 가만히 들여다본다. 아이가 순수하게 드러내는 욕망이 온전히 나에 의해 이뤄지거나 좌절될 수 있다는 사실에 부담을 느낀다. 아이 입장에서 부모는 소원을 들어주는 램프의 요정이자 욕망을 좌절시키는 못된 도깨비인 셈이다. 요정을 자처하는 부모는 도깨비가 되기 어려워하고 도깨비가 된 부모는 요정으로 분하기 어려워한다. 요정과 도깨비 사이를 지혜롭게 오가는 부모가 되어야 하지만 이는 어려운 일이다. 눈에 넣어도 아프지 않을 자식을 나무라는 일도 어렵고, 아무리 봐도 잘난 구석 하나 없는 아이를 치켜세워주기도 어렵다. 금쪽이는 그렇게 탄생한다. 예쁜 자식을 혼내는 일도, 예쁘지 않은 자식을 칭찬하는 일도 모두 같은 사랑임을 받아들인다면 자식 앞에 적절한 행동을 취하지 않는 부모가 조금은 줄어들게 될까. 어쩌면 자식을 위한 이런저런 고민은 부모와 자녀가 함께 터뜨리는 웃음을 통해 대부분 해결될지도 모른다. 웃을 기회가 왔다면 이런저런 고민은 내던져 두고 아이와 함께 마음껏 웃는 것, 그것이 최고의 교육이자 최선의 훈육은 아닐까.

그럼 사진을 많이
찍어 놓으면 되지

아빠 아빠는 요즘 아들이 빨리 컸으면 좋겠다고 생각하면서 동시에 안 컸으면 좋겠다고 생각해.

아들 왜 그런 생각을 해?

아빠 아들이 크면 클수록 아빠랑 같이 할 수 있는 게 늘어서 빨리 컸으면 좋겠다~ 싶다가도 지금 모습이 너무너무 예뻐서 안 크고 그대로 있었으면 좋겠어.

아들 그럼 사진을 많이 찍어 놓으면 되지.

아빠 그렇구나, 그럼 되겠다.

아들 지금 귀여운 모습을 사진 찍어 놓고 나중에 같이 보자.

시간이 흐른다. 언제 이렇게 커서 대화가 가능한 나이가 되었는지 감개무량하다는 말이 실감 난다. 아침 안개가 폐부에 슬그머니 들어차듯, 아이가 자라는 것이 아깝다는 말이 가슴속 깊숙이 스민다. 잠들어 있는 아이의 발을 만져본다. 실제인지 착각인지 모르겠으나 어제보다 자란 것 같다는 느낌을 매일 아침 받는다. 아이의 손가락을 가만히 만져보며 보드랍고 오동통한 이 손바닥과 손가락이 어떻게 자라날지 가만히 상상해 본다. 매일 저녁 같은 놀이를 하자고 졸라대는 아이를 바라보며 이 시간이 얼마 남지 않았으니 최선을 다해야 한다고 생각하며 피로와 자기 연찬의 욕망을 끊어낸다.

부모의 한마디에 자지러질 듯 까르르 웃는 아이를 바라보며, 희열에 가득 찬 목소리로 너보다 내가 지금 더 기쁜 마음이 든다고 우겨대고 싶다. "그런 표정 짓지 마!"라고 말하며 부모의 표정을 읽고 "그런 목소리로 말하지 마!"라며 목소리 톤 변화에 기민하게 반응하는 아이를 바라보며 아이가 나의 모든 것을 들여다보고 있다는 생각에 말과 행동을 조심하게 된다. 내가 내어준 나의 작은 세상이 아이의 세상에 얼마나 큰 영향을 끼치고 있을지 생각할 때마다 더 큰 세상을 내어주기 위해, 더욱 정돈된 세상을 그려주기 위해 마땅히 애써야 한다는 생각에 한없이 어깨가 무거워지곤 한다. 하지만 그것은 세상에 일종의 기여를 하고 있다는 기쁨을 느끼게 만드는 일이기에 부담과 동시에 감사한 마음이 들기도 한다. 그리고 이 모든 것들이 얼마 지나지 않아 너의 성장과 동시에 사라질 것을 안다.

네가 성장하는 모습을 바라보는 일은 기쁜 동시에 슬픈 일이다. 어엿하게 한 사람으로서의 존재성을 확립해 나가는 모습을 바라보는 일이기에 기쁘면서도 조금씩 내가 줄 수 있는 것이 없어짐을 인식하는 일이기에 슬픈 일이다. 사진을 많이 찍어두면 된다는 너의 말은 옳다. 그렇지 않아도 기억 속에 휘발될 너의 모습을 놓칠세라 울고 웃고 온몸으로 느끼고 표현하는 너를 담아내느라 엄마와 아빠는 늘 분주하게 휴대폰 카메라 어플을 눌러댄다. 사진으로는 모든 것을 담아낼 수 없다는 것을 알면서도 아쉽고 애타는 마음에 어쩔 수 없이 카메라를 누를 수밖에 없다. 지금 이 장면을 기억에 온전히 남기기 위해 너의 표정과 움직임을 가만히 집중하여 쳐다보다가 또 그 순간이 아까워 카메라에 너를 담기를 반복한다.

네가 지금 우리에게 매일 선물하고 있는 넘치는 웃음이 우리가 함께 나누는 시간의 밀도를 더욱 깊어지게 만든다는 것을 안다. 세월이 흘러 웃음소리가 끊어지고 서로의 인생을 멀리서 응원하게 되는 그런 날이 언젠가 반드시 올지라도 지금 이 순간의 아름다움을 영원히 되새기리라는 것을 이미 예감할 수 있다. 그것은 반드시 그렇게 될 일이기 때문이다. 때로는 사진 속에, 때로는 기억 속에 너의 모습을 차곡히 쌓아가며 우리는 너와 멀어질 어느 날을 대비한다. 너무나 어여쁘고 사랑스러운 우리 아들, 너의 흔적을 조금이라도 남기기 위해 우리는 오늘도 사진으로, 글로 너의 순간들을 기록한다.

아이의 말에서 무엇을 보고 있나요?

첫 번째 챕터에 실린 아이의 발화처럼 오직 그 시절에만 할 수 있는 말들이 있습니다. 부모는 귀엽고 깜찍한 마음에 어쩔 줄 모르는 채 소중한 그 순간을 흘려보내지만 어쩌면 그 말을 아이의 입을 통해 다시는 듣지 못하게 될지도 모릅니다.

- 갓 입이 터져 온갖 예쁜 소리를 쏟아내는 아이를 기르는 중이라면 오늘 아이가 건넨 귀하고 아름다운 문장을 한 번 적어보는 게 어떨까요?
- 이미 그런 시절이 지났다면 그 시절을 떠올리며 잠시 추억에 잠겨 보는 것은 어떨까요?

_____

_____

_____

_____

_____

_____

_____

Chapter 2

"그러게 말이야…."

부모의 말문이 막히는 말

아이들은 우리가 보는 것보다
훨씬 더 많은 것을 본다.

- 존 홀트 -

엄마가 그렇게
짜증이 많은 사람은 아니야

아들 짜요짜요 먹고 싶다.

아빠 안 돼. 벌써 두 개나 먹었다.

아들 딱 하나만 더 먹을게.

아빠 안 돼. 이제 곧 저녁 시간이야.

아들 그럼 엄마한테 허락받고 먹어도 돼?

아빠 엄마가 허락 안 할걸? 지금 너 그거 두 개 먹은 것도 엄마가 알면 짜증 낼걸?

아들 (5초간의 정적이 흐른 후) 엄마가 그렇게 짜증이 많은 사람은 아니야.

아이와 함께 레고 카페에 가기로 했다. 이것을 위해 주말만을 기다렸다는 듯 아이는 폴짝거리기까지 하며 노래를 흥얼거린다. 가는 길에 흥에 겨웠는지 평소에 잘 먹지도 않던 군것질거리를 하나 사서 들어가자며 애교를 부린다. 그래 이 애교를 앞으로 몇 년이나 더 볼 수 있을까. 그런 생각을 하며 아이와 마트에 들러 '짜요짜요' 한 상자를 샀다. 레고 카페에 도착하자마자 짜요짜요 두 개를 마시듯 비워내고 아이는 레고 조립에 열중한다. 세 시간 정도 몰입의 시간이 지난 뒤 아이와 함께 집으로 돌아간다. 집으로 가는 길에 아이는, 잊고 있던 간식거리가 불현듯 생각났는지 짜요짜요를 더 먹고 싶다며 떼를 부리기 시작한다. 하지만 아까와 달리 이제 저녁 식사가 가까워진 터라, 게다가 집을 나설 때 아내가 했던 "간식 먹이지 말라."는 말이 떠올라 간식을 허락하지 않는다. 계속 짜요짜요를 달라는 아이의 말을 들으며 나도 모르게 아이에게 다소 거친 말투를 내뱉고 말았다.

"엄마가 허락 안 할걸? 너 지금 두 개 먹은 것도 엄마가 알면 짜증 낼걸?"

조용해진 아이를 바라보며 이제 떼쓰는 소리를 듣지 않아도 되는 건가 싶어 '이제 됐다.'라는 생각을 했던 것도 같다. 하지만 이어지는 아이의 말에 나는 그만 어딘가로 숨고 싶을 만큼 부끄러워졌다.

"엄마가 그렇게 짜증이 많은 사람은 아니야."

아이답지 않게 낮고 느린 어조로 단호하게 말하는 아이를 바라보며 복잡한 기분이 든다. 부끄러웠고, 미안했고, 대견하고, 소중했다. 아이도 알고 있는 엄마의 본성을 왜곡하여 인식하고 있는 스스로가 부끄러웠고 그런 못난 마음을 아이 앞에서 드러냈다는 것에 미안했다. 아빠의 말을 곧이 곧대로 듣지 않고 자신이 바라보는 엄마에 대한 '상'을 똑 부러지게 말하는 아이의 모습이 대견했고 그 마음이 소중했다.

"그래 맞아. 엄마가 그렇게 짜증이 많은 사람은 아니지." 아이의 말에 동의할 수밖에 없었다. 마치 신부님 앞에서 고해성사라도 하듯 나는 아이의 손을 잡고 엄마가 그렇게 짜증이 많은 사람은 아니라는 말을 몇 번이고 되뇌었다. 생각 없이 뱉어버린 나의 한마디 말 때문에 아이의 머릿속에 엄마에 대한 부정적인 상이 그려질까 싶은 마음에 등줄기를 타고 식은땀이 흘러내렸다.

아빠는 초록불에 건넜는데
차가 빵 치고 갔어

아빠   약속은 사람들이 같이 살기 위해 만든 규칙이야. 규칙은 지켜야 해.

아들   규칙은 안 지키는 거야. (화가 난 표정)

아빠   아들은 신호등 무슨 불에 건너지?

아들   초록불.

아빠   그렇지? 그런 게 규칙이야.

아들   아니야 빨간불에 건널 거야.

아빠   조금 전에 초록불에 건넌다고 했는데?

아들   규칙을 안 지킬 거야.

아빠   사람들은 규칙을 지키면서 사는 거야.

`아들`　아빠는 초록불에 건넜는데 차가 빵 치고 지나갔어.

`아빠`　…?!

　스무 살 무렵 교통사고를 당했다. 초록불에 건넜지만, 음주 상태로 과속하는 차량을 제때 발견해내지 못한 탓에 사고를 당했다. 여전히 남아있는 흉터와 수술 자국은 그날의 기억을 가끔 되살아나게 한다. "아빠 이건 뭐야?" 아이와 목욕을 할 때 아이는 상처를 가리키며 묻는다. 그럴 때면 신호등은 초록불에 건너는 것이며, 꼭 좌우를 살펴야 하고, 초록불일지라도 차가 올 때는 반드시 멈춰야 한다고 말하곤 한다. 아이와 대화를 하다 보면 헉하고 말문이 막힐 때가 있다. 아이의 질문에 나의 말이 논리적으로 앞뒤가 맞지 않음을 발견하거나, 미처 깨닫지 못하고 지나친 것에 대해 다시 한번 생각해 볼 기회를 얻게 되었다거나 하는 이유에서다. 그 순간도 그런 종류의 시간이었다.

　"아빠는 초록불에 건넜는데 차가 빵 치고 갔어."

　그것은 질책이었을까. "초록불이었어도 좌우를 잘 살피고 건넜어야지. 초록불이었어도 차가 올 때는 일단 멈췄어야지. 진짜 초록불에 건넌 것은 맞아? 아빠는 나한테 가르쳐준 대로 하지 않아서 다치고 말았네? 그러면서 나에게 그것을 가르칠 자격이 있어?" 물론 아이가 그런 생각과 의도로 물어온 것은 아니었을 테지만 몸에 남아있는 상처 자국은 가르쳐준 대로 본을 보이지 못하며 살아온 것 같다는 생각에 가 닿아 아이의 작은 질문 하나에도 제대로 대답하기 힘들게 만든다. 본보기가 되어주지 못했다는 것도 서글픈 일이지만 그보다 더 걱정되는 일은 괜히 무언가를 가르쳐주려 했다가 세상에 대한 그릇된 믿음을 심어주게 되는 것은 아닐까 하는 마음이었다.

아빠는 분명히 약속을 지켜야 한다고 말했는데, 초록불에 건너야 한다고 했는데, 그것이 사람들이 같이 살아가기 위한 규칙이라고 했는데, 모두가 규칙을 지키면 어디에도 불행의 흔적 따위는 비집고 들어올 틈이 없어야 할 텐데, 왜 규칙을 지켜도 아빠는 사고가 났을까. 어딘가에는 그것을 지키지 않고 살아가는 사람이 있다는 것을 너무 일찍 깨달아버리게 한 것은 아닐까 하는 우려. 초록불에 건넜음에도 불구하고 사고가 났다는 것은 아이의 세상에서 있을 수 없는 일이다. 초록불은 안전한 것이고 그렇게만 한다면 아무런 일 없이 횡단보도 끝에 가 닿아 험난한 차도를 무사히 건널 수 있게 되리라는 생각. 그것은 곧 선하고 올바른 동기와 행동은 선하고 올바른 결과를 낳을 것이라는 믿음과 같다. 그랬으면 좋으련만, 애석하게도 세상일이 그렇지가 않다는 것을 초록불에 신호등을 건넜어도 사고가 나버린 아빠를 통해 이제 고작 네 살 아이가 깨달아버린 것은 아닐 거라고 믿고 싶다.

선한 의도가 늘 선한 결과를 담보하지는 않는다 할지라도 우리는 늘 선한 것을 추구하며 살아야 한다. 다른 모든 이유를 떠나 그것이 나의 고통을 줄여주는 행위이기 때문이다. 혹여나 운이 좋다면 행복 비슷한 감정에 가 닿을 수도 있다. 선이 선을 불러오지 않는다는 사실에 실망하여 자포자기한 심정으로 선의 이면으로 고개를 돌리는 순간이 바로 이탈의 시초가 된다. 과학의 법칙과 인생의 법칙은 맞닿아 있다. 관성의 법칙 역시 삶에 고스란히 적용된다. 정도를 걷는 사람은 끝까지 정도를 걸어갈 확률이 높지만 한번 선을 이탈하기 시작하면 어긋나 버린 기울기는 시간이 지날수록 점점 더 커지게 된다. 초록불에 건넜어도 차에 치이는 일이 생길 수도 있다. 평생 담배를 멀리하며 살았어도 폐암에 걸릴 수 있는 것이 인생이고, 일생을 근검절약하며 살았어도 가족의 도박 빚에 집이 바스러질 수 있는 것 역시 인생이다. 비록 그렇다고 해도 지킬 것은 지킬 줄 아는 사람으로 자라나길, 성과라는 망령의 재촉에 허우적대며 요령에 기대기보다는 한 방울씩 차곡차곡 흘러내리는 정직한 땀방울의 힘을 믿는 사람이 되기를, 허무보다 희망을 바라볼 줄 아는 사람으로 성장하기를 간곡히 바랄 뿐이다.

할 수 있겠어?

아빠 이렇게 하는 거 맞아?

아들 아니 그게 아니고 팔을 먼저 뒤로 돌려야지.

아빠 이렇게?

아들 아니 꼬리를 먼저 빼야 변신을 할 수 있어. 할 수 있겠어?

요즘 공룡 변신 로봇에 심취한 아들은 하루에도 수십 번씩 로봇을 공룡으로 변신시켰다가, 로봇으로 변신시키기를 반복한다. 쉬운 장난감은 금세 변신 방법을 터득해 제법 능숙하게 공룡과 로봇 사이를 자유자재로 오가며 "변신 푸왁, 변신 푸왁"을 외쳐대느라 먹던 밥풀을 온 집안에 뿜어대기 일쑤다. 그렇게 변신 로봇을 가지고 놀다가 변신 과정이 조금 복잡해 혼자 힘으로 변신시키기 어려운 장난감은 아빠에게 도움을 요청하곤 한다. 아빠가 로봇을 변신시키는 과정을 옆에서 유심히 지켜봤는지 아직 손이 여물지 않아 스스로 조작하기는 힘들어도 머리로는 변신의 과정을 꽤 자세히 기억하고 있던 모양이다. 장난감을 변신시키면서도 아이와 한마디

이야기라도 더 나누고 싶어 무심결에 던진 질문에 아이는 예상치 못한 역질문을 던짐으로써 아빠를 당황하게 한다.

"할 수 있겠어?"

아이에게 무언가를 설명하거나 시범을 보인 뒤 자주 하던 질문이다. 본인이 이 과업을 해낼 수 있을지 없을지 스스로 판단하게 하기 위한 질문이면서, 해냈다면 칭찬을, 해내기 어려운 과업이라는 판단을 혼자서 내렸다면 응원과 격려를 해주기 위함이었다. 아이는 모방을 통해 세상과 소통하는 방법을 익혀나간다. 아마 네 살 아이가 하는 말 대부분은 부모 혹은 어린이집에서 보거나 들었던 말일 확률이 높다. 하나 더해 유튜브까지 포함할 수도 있겠다. 할 수 있겠냐는 질문이 아이의 입을 통해 나의 귀로 전달되었을 때 놀라움과 함께 밀려든 마음은 든든함이었다. 네 살짜리 아이에게 든든함을 느끼는 못난 부모가 어디에 있겠느냐만, 그 순간 아이와 나의 시간은 이십 년, 삼십 년을 빠르게 휘감아 돌며 먼 미래의 어느 곳으로 이동했다. 삼십 년 뒤 어느 시간의 계단에 걸터앉아 아기에서 청년이 된 아들이, 청년에서 노인이 된 아비에게 건네는 든든한 염려의 말. 찰나의 순간 동안 미래의 어느 시점과 만나고 온 듯한 기분이 들었다. 살다 살다 네 살짜리 아기에게 할 수 있겠냐는 말을 듣게 될 줄은 상상도 못 했다. 아이를 키우는 일은 이렇게 늘 상상해 본 적 없는 순간의 연속이다.

상상해 본 적 없는 그런 순간들은 때로는 당혹과 불안을 가져오기도 하지만 대부분의 순간은 이토록 빛나는 환희와 함께일 때가 많다. 별것 아닌 말이 이토록 거대하게 다가온 이유는 단순히 그것이 아이의 입에서 처음으로 나온 말이었기 때문은 아닐 것이다. 모든 순간이 처음이기 때문에 아이의 말이 유독 빛나 보이는 것도 사실이겠지만 그보다 더 귀하고 소중한 이유는 아이의 언어에 녹아있는 "순수성"을 발견할 수 있기 때문이다. 어른들의 세계에서는 찾아보기 힘든 순수함. 숨긴 뜻이 전혀 없고, 이면의 감정이나 배경을 헤아릴 필요도 없는, 어떠한 의도도 품지 않은 채로, 단어 날 것 그대로의 의미만을 생각하면 되는 솔직한 의사 표현. 아이와의 대화는 그래서 그 자체로 치유의 효과가 있다. 오염되지 않은 태고의 순수함을 품고 있기 때문이다. 할 수 있겠느냐고? 당연히 할 수 있지! 할 수 있을 때까지는 뭐든 하려는 사람이 되어야 한다. 그렇게 부모가 부모 역할을 하도록 아이는 오늘도 부모를 가르친다.

지금 그럴 시간 아니야, 집중해!

아빠 자, 아빠는 여기에다 놓을 거야.

아들 그럼 나는 여기에다 놓을 거야.

엄마 여보 오늘 무슨 일이 있었는 줄 알아?

아빠 응? 무슨 일?

아들 얘기하지 마, 아빠. 지금 그럴 시간 아니야. 집중해.

아들과 보드게임을 하다가 집중하지 않는다고 한 소리 들었다. 어찌나 엄하게 말하던지, 진짜로 혼이 나는 것 같은 기분이 든다. 며칠 전 게임을 하면서 이기고 싶으면 집중하라고 한 번 했더니 고걸 고대로 써먹는 이 녀석이 재미있으면서도 아이가 정말 스펀지처럼 부모의 말과 사상을 흡수한다는 것에 경각심이 든다. 학교에 근무하며 부모와 학생이 무척이나 닮아 있는 것을 수없이 목격한다. 콩 심은 데 콩 나고, 팥 심은 데 팥 난다는 말은 단지 유전자에 의해 물려받는 생리적 특성만을 이야기하는 것이 아니다. 사용하는 언어습관이나 말투, 눈빛, 어른을 대하는 태도나 불편한 상황을 맞이했을 때의 대처방식 등 꽤 세부적인 부분에서도 부모와 자식은 닮았다. 그것은 유전적 기질을 넘어서는 어떤 환경적 요인이 분명히 작용하고 있음을 뜻한다. 그것은 분명 가장 오랜 시간을 함께 지내온 부모와 함께하며 보고 들은 것들이 체화된 습성이다. 그래서 아주 예외적인 경우를 제외하고 자식은 부모를 닮아있다. 자식은 부모를 비추는 거울이라는 말은 그래서 기쁘고도 무섭다. 자식의 잘난 모습을 보고 있으면 나의 모습을 빼다 박은 것 같아 기쁘면서도 자식의 못난 모습을 보고 있으면 그 역시 나의 모습이라는 것을 인정해야 하기 때문이다.

하지만 어떤 부모들은 자식의 모습을 본인의 입맛에 따라 선택적으로 바라본다. 잘난 모습은 나를 닮아 그렇다고 하면서 못난 모습과 마주할 때면 쟤가 대체 누굴 닮아서 저러나 하는 마음을 부끄러운 줄도 모르고 거침없이 드러낸다. 좋은 점도 나쁜 점도 다 나로부터 비롯되었다는 것을 인정하고 받아들이는 부모는 그래서 늘 말과 행동을 조심한다. 정말로 자식을 사랑하는 부모는 그렇게 될 수밖에 없다. 자신의 말과 행동이, 한 사람의 인생에 얼마나 커다란 영향력을 행사하는지 인지하고 있기 때문이다.

아이는 게임에서 이기길 원했고 이기기 위해서는 반드시 집중하는 태도가 필요하다. 설렁설렁해서는 그 어떠한 것과의 대결에서도 이길 수 없기 때문이다. 나의 입에서 나온, 집중하라는 말은 그렇게 살기를 바라는 마음을 담은 하나의 방법론이었다. 아이도 나와 같은 마음에서 집중하라고 외쳤던 것일까. 아마 아니었을 테다. 아이가 나에게 삶의 방식을 일갈했을 리 없다. 그보다는 이 시간을 온전히 함께해 달라는 마음, 한눈팔지 말고 자신을 바라봐 달라는 말에 가까웠을 것이다. 그러니 어찌 아이를 바라보는 일을 게을리할 수 있을까. 결핍이 있어야 사람이 성장한다는 생각에 전적으로 동의하지만, 사랑에 있어서만큼은 늘 충만함을 느껴야 한다고 생각한다. 사랑에서 비롯되는 안정감을 바탕으로 앞으로 겪어나갈 무수한 결핍을 헤쳐내길 바라는 마음을 담아 아이와의 시간에 온 정성을 다해 집중해야 한다.

우리 나가면 외롭지 않겠어?

아들 엄마랑 아빠가 좋아.

아빠 엄마 아빠도 아들이 좋아. 없으면 안 될 만큼 소중해.

아들 없다는 게 뭐야?

아빠 아빠, 아들 이렇게 둘이 지금 목욕탕에 같이 있지? 그런데 아들이 나가면 아빠가 혼자 남지?

아들 응.

아빠 그때 아빠는 이 목욕탕 안에 혼자 남아서 아들이 없어졌다고 생각할 거야. 눈앞에 있다가 사라지는 게 없다는 뜻이야.

아들 나랑 엄마랑 할머니 집에 가면 나랑 엄마가 없어지는 거야?

아빠 그렇지.

> **아들** 아빠, 우리가 나가면 엄마랑 내가 없어지는데 외롭지 않겠어?

　정말 몰라서 묻는 것인지 아니면 알면서 어떤 의도를 가지고 묻는 것인지 요즘 들어 구분이 잘 안 된다. 얼마 전까지만 하더라도 분명히 해당 단어의 뜻을 몰라서 묻는 것이 명확하게 느껴졌는데 요즘은 본인이 이미 잘 사용하고 있는 단어의 뜻을 물어오곤 하여 이것을 왜 묻는 것일까 의아할 때가 많다. 없다는 게 뭐냐는 물음 역시 그랬다. "아빠가 집에 없다. 엄마 어디 갔어? 장난감이 우리 집에 없고 할머니 집에 있어." 등 이미 없다는 단어를 정확히 이해하며 상황에 맞게 사용하는 모습을 많이 목격했는데 없다는 게 뭐냐고 눈을 동그랗게 뜨고 물어오는 아이를 보고 있자니 한편으로는 이 녀석이 왜 자꾸 이러나 의아한 마음이 들다가도, 혹시 의미를 보다 정교하게 다듬는 과정이라거나 단어의 의미를 확장하는 아이들만의 어떤 언어 습득 방식인가 싶은 마음에 물어올 때마다 최선을 다해 설명하곤 한다.

　이전까지 아이의 머릿속에서 '없다'라는 단어가 단순히 '있다'의 반대어로 기능해 왔다고 한다면 "엄마랑 내가 없어지는데 외롭지 않겠냐."는 질문을 던진 순간부터 아이에게 '없다'라는 단어는 외로움과 연결되어 세상을 보다 확장된 눈으로 바라볼 수 있는 도구가 되었음이 분명하다. 즉 단어가 가지고 있는 사전적 의미를 넘어 맥락을 들여다볼 줄 알게 되었음을 뜻한다. '없음=외로움'의 도식을 완성한 아이는 이후에 없음과 또 어떤 것을 연결하게 될까. 없음이라는 단어를 떠올리면서 어떤 이는 결핍, 소멸,

허전, 공허, 가난, 비루함 등을 연관시킬 것이다. 하지만 한편으로 없음이라는 단어와 자유, 해방, 진실, 혼란, 행복 등을 연결 지으며 살아가고 있는 이들도 분명 존재한다. 무엇이 더 나은 삶이라고 재단할 수는 없는 노릇이나 가능하다면 하나의 고리에 좀 더 많은 것들을 연결할 수 있는 사람이 되었으면 좋겠다는 바람을 품어본다.

고리에 연결되는 것이 많을수록 삶은 필연적으로 무거워질 수밖에 없을 테지만, 그 무게를 감당하는 사람만이 넓고 깊은 삶의 지혜를 통해 진짜 삶을 살아갈 수 있게 되기 때문이다. 연결이 빈약한 사람들은 경험과 상상력이 부족한 사람들이다. 상상력이 부족한 이유는 자신의 것이 없기 때문이다. 그런 사람은 매력이 없다. 매력은 삶을 살아감에 있어 아주 중요한 부분이다. 단순히 이성을 유혹할 때만 필요한 것이 아니라 삶의 전반에 걸쳐 매력적인 사람은 어떤 방식으로 살아가건 자신이 뜻하는 바를 이룰 가능성이 높아진다는 데 그 가치가 있다. 하나의 고리에 또 다른 무언가를 연결해 낼 수 있도록, 그렇게 너와 내가 꽉 찬 하루와 일 년을 살아갈 수 있기를 바란다.

아빠 밥 많이 먹어

아빠 아빠 잠깐 화장실 좀 갔다 올게.

아들 안 돼~ 나랑 놀아.

아빠 알았어 잠깐만 기다려, 얼른 다녀올게.

아들 안~돼 나랑 놀아.

아빠 아빠 일 좀 하고 올게.

아들 안~돼 나랑 놀아.

아빠 아빠 밥 좀 먹고 올게.

아들 안~돼 나랑 놀아.

아빠 그럼 유튜브 잠깐만 보고 있어.

아들 알았어. 아빠 밥 많이 먹고 와 알았지?

아빠 …?

　놀아달라는 아이의 어리광에 전부 응해줄 수 없어 때때로 미안한 마음이 든다. 자상한 아빠가 되기 위해서, 충만한 사랑의 적금을 위해서, 시간과 체력이 허락하는 한 아이와 함께하려 노력한다. 때때로 아이의 어리광을 일종의 훈장처럼 느끼기도 한다. 내가 그간 아이에게 쏟아부은 시간이 헛되지 않았다는 일종의 성적표 같아서 안쓰럽고 미안한 마음과 동시에 뿌듯한 마음이 드는 것도 부끄럽지만 사실이다.

　하지만 그 뿌듯함과 자랑스러움은 유튜브 앞에 속절없이 무너진다. 유튜브 영상 앞에서 그간 인정받아온 아빠표 놀이의 재미는 오간 데 없어지고 아빠와의 눈 맞춤은 귀찮은 행위로 전락한다. 재미와 배움과 관계 맺음의 상호 주체였던 너와 나는 순식간에 타인이 된다. 어르고 달래도 떼어놓기 힘들던 아이를 유튜브라는 한마디 말로 너무나 손쉽게 떼어낼 수 있게 되었다는 사실에 허무한 마음이 든다. 아빠 밥 좀 먹게 잠깐 유튜브를 보고 있으라는 말에 밥 많이 먹고 천천히 오라는 아들의 한껏 높아진 톤의 말과 생기 넘치는 표정이 재미있으면서도 허탈하다. 부모의 마음이 참 간사하다. 껌딱지처럼 착 달라붙어서 떨어지지 않을 때는 지치고 힘든 마음에 얼른 좀 커서 그만 달라붙었으면 좋겠다 싶다가도, 이렇게 뒤도 안 돌아보고 휙 돌아 제 갈 길을 찾아갈 때면 금세 또 서운한 마음이 밀물처럼 몰려온다. 손을 탈 때는 독립시키고 싶다가도 독립시키고 나면 또 부대끼고 싶은 것이 자식을 바라보는 부모의 마음인가 보다.

"아빠 밥 다 먹으려면 아직 멀었어?" 아이는 중간중간 내 남은 식사시간을 확인한다. "아빠 천천히 먹어." 혹여 급히 먹다 체하기라도 할까 봐 친히 아빠의 식사 속도까지 걱정하는 것이라면 눈물이 날 만한 효심이겠으나, 요 녀석의 머릿속은 그저 유튜브를 일 분이라도 더 보고 싶은 마음뿐이다. 그렇게 앉았다가 누웠다가 엎드리며 고사리 같은 손으로 핸드폰을 부여잡고 영상을 뚫어지게 쳐다보는 아이를 가만히 바라본다. 배시시 올라가는 너의 입꼬리를 바라보며 나도 따라 웃는다. 조금이라도 길게 영상을 보고 싶은 마음에 혹여 아빠가 밥을 다 먹었을까 고개를 들어 나를 쳐다본다. 눈이 마주치는 순간이면 걱정하지 말라는 의미로 밥공기를 들어 보이며 미소를 짓는다. "아직 많이 남았어. 걱정하지 말고 맘 편하게 봐~" 아이는 안심했는지 다시 고개를 돌려 영상에 집중한다. 밥을 다 먹고도 잠시 식탁에 머물며 물끄러미 아이를 바라본다. 그렇게 언제까지고 부모는 자식의 뒷모습을 하염없이 바라보는 존재라는 것을 이제야 조금씩 알아가는 중이다.

악당한테도 엄마가 있어?

아들 하하하. 나는 정의에 용사 슈퍼 마리오다.

아빠 나는 정의에 용사 루이지다.

아들 아니야, 아빠는 악당 쿠파야.

아빠 알았어, 그럼 나는 악당 쿠파다! 마리오 너를 용서하지 않겠다.

아들 응? 나는 용사라서 잘못한 게 없는데 왜 용서를 안 해?

아빠 악당들이 그냥 맨날 하는 말이야.

아들 아니야, 용서하지 않겠다는 말은 용사가 하는 거야.

아빠 그런가?

아들 응! 그런데 아빠, 악당도 엄마가 있어?

> **아빠** 그럼~ 악당도 엄마가 있지.

> **아들** 그런데 왜 악당이 됐지?

세상 모든 것에는 그 뿌리와 근원이 있다. 꽃의 근원은 씨앗이며 마음의 근원은 기억이다. 극악무도한 악당에게도 엄마와 아빠가 있다. 엄마가 있는데 왜 악당이 됐느냐는 아이의 질문은 천진하다. 엄마라는 존재가 베푸는 무한한 사랑과 믿음을 당연하게 여긴다는 점이 그렇고, 사랑을 받았으면 악당이 될 리 없다는 인과관계의 일대일 대응을 의심하지 않는 점이 그렇다. 자애롭지 않은 부모, 인과관계가 명확지 않은 사건은 우리를 불편하게 한다. 하지만 삶과 진실은 불편을 동반할 때가 더 많다. 부모답지 않은 부모는 사방에 널려 있고 원인을 알 수 없이 발생하는 사건은 일상적이다.

모든 부모는 자식을 사랑한다는 명제가 진실인지 아닌지는 아이의 세계에서 아직 중요한 일이 아니다. 아니 중요하지 않다기보다 거짓의 가능성을 전혀 염두에 둘 수 없다고 봐야 더 적절하다. 이는 다행스러운 일이다. 아이는 언제나 사랑을 받아야 하는 존재이며 적어도 지금까지는 부모의 사랑을 사랑으로 받아들이고 있는 것처럼 보이기 때문이다. 아이가 해맑은 소리를 할 때마다 기쁨과 슬픔의 눈물이 동시에 차오른다. 티 없이 맑은 영혼으로 잘 자라나고 있구나, 구김 없는 성격으로 외부의 것들을 굴절 없이 받아낼 수 있는 사람으로 성장할 수 있겠구나, 고갈 없이 베풀 줄 아는 사람이 될 수도 있겠구나, 이는 충돌, 돌출, 일렁임과는 거리가 먼 성향을 띠는 사람이 될 것을 암시한다. 그것은 평화다. 평화가 도달할 곳은 안정된 토양이다. 그곳에서 흔들리거나 휘청대지 않고 곧고 바르게 살아갈 아이를 생각하면 지극히 기쁘다.

기쁨과 동시에 슬픔이 밀려온다. 아니 슬픔이라기보다는 염려의 마음에 가깝다. 세상의 고통을 인지하지 못하고 살아가게 되면 어쩌나. 자신도 모르게 타인에게 의도 없는 상처를 주면 어쩌나. 선의가 선의로 되돌아오지 않을 때 느낄 당혹스러움을 어떻게 소화하려나. 선함이 기본이 되는 모든 생각이 제대로 들어맞지 않는다는 것을 깨달았을 때의 충격을 어떻게 감당하려나. 이는 신뢰, 사랑, 화평을 기본값으로 갖춘 사람이 언젠가 맞이해야만 할 삶의 진실이다. 그것은 혼란이다. 혼란이 도달할 곳은 어지러움이다. 견고한 안성과 사랑의 울타리 안에서 자라온 사람은 사랑의 울타리 너머에 존재하는 무수한 비인간적인 것들과 마주할 때 혼란을 겪는다. 예외적인 상황, 변칙적인 사람을 경험해 보지 못했기 때문이다. 그곳에서 어김없이 휘청대며 살아갈 아이를 생각하면 그게 또 그렇게 염려스럽다.

악당에게도 엄마는 있다. 사랑을 받아도 악당으로 성장하는 사람도 있다. 이상한 일이지만 이상한 일은 언제 어디서나 발생하고 있다. 내가 본 적 없었기 때문에 이상하다고 느낄 뿐이다. 모든 이상한 일은 사실 이상한 일이 아니다. 그저 좋은 것을 볼 수 있고 경험할 수 있었음에 감사해야 한다. 운이 좋았다는 말은 그래서 단순한 겸손의 언어가 아니다. 그것은 진실로 그러하기 때문이다. 너 역시 운이 좋은 사람이기를 바라고 또 바란다.

대신 내가 선물이라고 하자

아빠 길에 꽃이 예쁘게 피었네.

아들 엄마가 좋아하겠다.

아빠 그러게, 꺾어다 주면 좋겠는데 꽃을 꺾으면 안 되겠지?

아들 꺾으면 죽잖아. 눈으로만 보자.

아빠 그래 그럼, 아쉬우니까 사진이라도 찍어다 줄까?

아들 대신 내~가 선물이라고 하자.

아빠 @_@

꽃을 꺾으면 안 된다는 말을 아이의 입에서 듣고 싶어 유도 질문을 던졌는데, 아이는 예상치 못한 대답으로 아빠의 마음을 또 한 번 붕 뜨게 한다. 자신이 엄마에게 선물이라는 말의 근원은 차곡차곡 쌓여온 사랑을 통한 자신감의 발현이 분명하다. 자신이 타인에게 의미 있는 존재가 분명하다고 믿고 있는 사람은 함부로 행동할 리 없다. 게다가 자신을 의미 있게 여기고 있을 사람 앞에서는 더더욱 그렇다. 그것은 믿어준 사람에 대한 배신이자 쌓아온 신뢰를 무너뜨리는 일이기 때문이다. 그것은 믿음과 사랑을 주고받으며 살아온 서로의 세상에서 발생할 수 있는 가장 커다란 붕괴인 탓이다.

사랑이라는 이름으로 족쇄를 채우려는 것은 아니다. 뭉근하면서도 부드럽게 쌓아 올린 그 기분 좋은 끈끈함을 어느 누가 부정할 수 있으랴. 의미 있는 타인이 곁에 없는 사람은 자신을 소중하게 생각하기 어렵다. 자신을 소중히 여기지 않는 사람이 다른 사람을 소중히 여길 수 있을 리 없다. 당연하지 않은가, 내 손이 아픈 줄 알아야 타인의 고통에도 공감할 수 있듯, 내 등이 따뜻한 줄 알아야 타인의 등도 따뜻하게 해주고 싶은 마음이 드는 것이 당연한 일이다. 사랑을 충족시킬 제1의 아지트인 가정에서 충만한 사랑을 받지 못한 이들이 다른 곳에서 다양한 방법으로 사랑과 인정을 갈구하는 것은 특별한 일이 아니다.

지나친 신체적, 정신적 유대감을 강조하며 친밀감으로 포장된 덫으로 자신을 밀어 넣는 사람들이 있다. 애인에게, 친구에게, 스승에게, 자신보다 한참 나이가 많은 상급자에게, 혹은 한참 나이가 적은 후배에게, 애완동물에게, 심지어는 만화 속 캐릭터나 영화 속 인물에게. 이는 단순히 좋아서 즐기는 것과 다른 양태를 띤다. 단순히 좋아하는 수준이라면 집착하지 않고 상처받지 않는다. 일정량의 집착과 상처를 끌어안더라도 얼마 지나지 않아 건강하게 다시 일어설 수 있다. 그것이 건강한 사랑을 받고 자란 사람의 가장 커다란 능력인 회복 탄력성이다. 건강한 사랑을 받지 못한 상태로 자라난 사람들은 끊임없이 인정과 관심을 갈구한다. 그것은 사랑과는 다르다. 사랑을 주는 방법을 모르기 때문이다. 끊임없이 자신이 주인공이 되어야 하고, 관계의 중심에 있어야 하며, 상대가 나만 바라보도록 유도한다. 이것은 오직 나만을 위한 관계다. 하지만 세상에 그런 관계는 존재할 수 없다. 그러므로 그러한 요구는 당연하게도 오래가지 못해 끊어진다. 그렇게 타인 없이 오롯이 홀로 서지 못한 인간은 당연하게도 스러져 갈 수밖에 없다.

내가 너에게 선물이고 네가 나에게 선물이라는 마음은 그래서 귀하다. 어디 귀할 뿐인가, 그것은 한 인간의 인생을 관통하며 올곧게 걸어나갈 수 있도록 지탱해 줄 그 무엇보다 강렬한 고향인 셈이다. 고향을 잃은 사람의 눈을 옆에서 바라본 적이 있는가. 눈빛에서조차 공허함과 허전함이 그토록 강렬하게 전해지는데 그 속을 어떻게 짐작할 수 있을까. 좋은 부모들은 그렇게 아이에게 서서히 고향 같은 존재가 되어간다.

그게 전부야

아들 아빠 이거 저장해 줘.

아빠 이거 왜 저장하고 싶어? 그냥 새로 다시 그리면 되잖아.

아들 아니야, 소중한 거니까 저장하고 싶어.

아빠 그래 알았어. 그럼 저장해 줄게.

아들 그런데 삭제를 누르면 다 사라져?

아빠 그렇지, 다 사라지지. 삭제는 갑자기 왜?

아들 게임에서 삭제를 누르면 저장한 게 지워져서 물어봤어.

아빠 그렇구나. 아들은 기억이 다 삭제되면 어떨 거 같아?

아들 안 돼. 슬플 것 같아.

아빠 아들한테 소중한 기억이 뭐야?

아들 엄마랑 아빠랑 재미있게 논 거, 그게 전부야.

스마트 펜을 이용해 스마트폰에 그림을 그리던 아이는 자신이 그려낸 그림이 소중했던 모양인지 저장을 요구한다. 어른의 눈에는 별 볼 일 없는 낙서에 불과해 보일지라도 아이는 자신의 손으로 완성해 낸 예술작품으로 마음에 담으려 결심한 모양이다. 똑같아 보이는 그림을 반복적으로 그리면서 매번 저장해 달라는 아이의 요구가 귀찮아 왜 저장해 달라는 것인지 물었다. 소중한 것이기 때문에 저장하고 싶다는 당연한 말을 굳이 아이의 입을 통해 확인해야만 알 수 있었던 것은 부모의 귀찮음과 무딘 감수성이 빚어낸 촌극이다. 소중한 것이니 저장하고 싶은 마음은 당연한 마음이다. 소중히 여겨 저장해 둔 것이 삭제되면 슬플 것 같다는 예상 또한 당연한 예측이다. 문득 아이의 마음에 소중하게 들어차 있는 것이 무엇인지 궁금해진다. 자신이 좋아하는 마리오 장난감일까, 틀린 그림 찾기와 미로 찾기 공책일까, 아침저녁으로 엄마 아빠와 함께 가지고 논 보드게임일까, 마리오를 보러 다녀온 일본 여행일까. 궁금한 마음에 너에게 소중한 기억이 무엇이냐며 아이에게 질문을 던진다.

엄마 아빠랑 재미있게 논 것이라는 말에 가슴이 부풀고, 그게 전부라는 메아리는 머리를 울린다. 이렇게 예쁜 말을 듣고 싶어서 물어본 것은 아니었는데 예상치 못한 말로 덜컥 부모에게 감동을 주는 아이를 보며 신앙심이 없음에도 불구하고 신의 선물이라는 게 있다면 이런 것이 아닐까 하는 생각을 한다. 나의 세계는 아이의 세계가 되고, 아이의 세계는 나의 세상에 영향을 끼친다. 내가 가지고 있는 모든 역량과 자원이 아이를 향해 있고 그렇게 성장하고 확장되는 아이의 세계를 바라보며 나의 세계 역시 재정립된다. 세계가 진보를 목적으로 운동한다면 개인 역시 같은 방식으로 작동할 수밖에 없다. 그러니 조금 더 나은 방향으로 진보하고자 하는 목적성을 띤 움직임을 위해 에너지를 쏟지 않을 이유가 없다. 그렇게 부모는 아이와 자기 세계의 진보를 위해 모든 에너지를 쏟아부어야 한다.

아이의 세상에 감동과 환희가 가득 찰 때 아이의 그릇은 조금씩 커진다. 그렇게 인식의 틀을 넓히고 감정의 깊이를 더해가며 아이는 성장한다. 아이의 성상을 바라보는 부모 역시 성장한다. 아니 성장해야만 한다. 성장하지 않고서는 어느 순간부터 아이를 담을 수 없게 되기 때문이다. 그렇게 아이와 부모의 성장은 환류되며 무한히 나아간다. 인생의 모든 순간을 아이로 가득 채울 수는 없을 테지만 적어도 부모의 조력이 필요한 어린 시절의 일정 기간 만큼은 부모로서 사력을 다해야 한다. 부모라는 존재로서 자리매김하기를 원한다면 적어도 어느 시점까지는 그게 전부여야 한다.

하루가 너무 짧아, 그치 아빠

아빠 조금 있다가 동생들 오면 동생들이랑 같이 놀아 알았지?

아들 좋아, 근데 아빠랑 놀고 싶으면?

아빠 아빠는 어른들하고 이야기하고 놀아야지.

아들 아빠랑 블록도 가지고 놀고 싶고, 보드게임도 하고 싶고, 레고 조립도 하고 싶으면?

아빠 내일 또 놀 수 있잖아.

아들 다 하고 놀고 싶은데, 하루가 너무 짧아, 그치 아빠.

주말을 맞아 함께 저녁 식사를 하기 위해 친척들이 집에 방문하기로 했다. 친척 중에는 아들보다 한 살, 네 살 어린 아이들이 있는데 혹여나 아이들끼리 싸울세라 늘 당부의 말을 하느라 바쁘다. 동생들과 노는 것도 좋지만 아빠와 놀고 싶다는 아이는 하루가 짧다며 장탄식을 내뱉는다. 아이와 놀며 몸은 고되지만 이런 말을 들을 때면 미소를 짓지 않을 수 없다. 나 역시 같은 생각을 한다. 아이와 함께 시간을 보내고 싶지 않은 부모가 어디 있을까. 생계와 각종 해결해야 할 의무를 짊어지느라 아이와 함께 보내야 할 가장 중요한 시간은 우선순위에서 조금씩 밀리기 일쑤다. 우리는 늘 부족한 시간에 허덕인다. 가족과 함께 보낼 시간도 부족하고 잠잘 시간도 부족하다. 취미 생활을 할 시간도, 자기 계발할 시간도, 친구 만날 시간도 부족한 우리는 대체 무엇 때문에 그리 바빠 늘 시간이 없음을 안타까워하며 살아가는 것일까. 돈을 많이 벌어 결국 가장 하고 싶은 일은, 시간을 사서 하고 싶은 일을 자유롭게 하며 살아가는 것이라고 하던데, 그럴 거면 애초에 돈을 좀 덜 벌더라도 하고 싶은 것을 자유롭게 하며 살아가면 되지 않을까. 누군가는 어리석다고 할 만한 그런 생각을 해본다.

바쁨 속에 쉼이 있어야 편안함을 느낄 수 있고, 슬픔 속에 기쁨이 있어야 진짜 기뻐할 수 있다는 말처럼 인생은 정말 끝없는 고난과 고통 사이에 잠시 쉼표를 찍어가는 여정일 수밖에 없는 것일까. 그렇게 생각하니 다들 똑같이 사는 것인가 싶은 마음에 잠시 위로가 되다가도, 정말 그렇게밖에 살 수 없는 것인가 싶은 마음이 동시에 꿈틀대며 가슴을 친다. 행복한 시간을 보내며 하루가 너무 빨리 흐르는 것처럼 느껴지는 것은 기쁠 일이지만 행복한 시간을 보낼 겨를이 없을 만큼 바빠 시간이 빨리 흐르는 것처럼 느껴지는 것은 무슨 수로 막아내야 할 헛헛함일까.

바쁨은 우리에게 어떤 의미를 가져다줄까. 아니 그보다 무엇 때문에 바쁜 것인지 따져보는 것이 선행되어야 한다. 도대체 왜 이렇게 바쁜 것이고 나를 바쁘게 하는 모든 것은 과연 어떤 의미가 있는 것인가. 그렇다고 아무것도 하지 않고 모두 내팽개쳐 버리자니 모든 것이 망가질 것 같아 두렵다. 지난 주말 아주 오랜만에 해야 할 일이 전혀 없는 하루를 보냈다. 가만히 거실 바닥에 드러누워 창밖에서 불어오는 선선한 바람을 맞고 있으니 가슴속에서 행복감이 피어오르며 입에선 절로 행복하다는 말이 나왔다. 책무라는 것은 인간에게 크나큰 행복과 자기 효능감을 가져다주지만, 그것은 어느 순간 반드시 고갈을 가져온다. 너무 오랜 시간 책무에 시달려온 사람은 누적된 피로감을 어떻게든 해소해야 한다. 때때로 아무것도 하지 않고 그저 가만히 누워 있고 싶을 때가 있다.

내가 아플 땐
엄마 아빠가 옆에 있는데

엄마 아들, 오늘은 엄마랑 놀자~

아들 왜?

아빠 아빠가 오늘 감기 기운이 좀 있는 것 같아서 아들한테 옮을까 봐 그래.

아들 내가 아플 땐 엄마 아빠가 옆에 있는데 아빠가 아플 땐 왜 옆에 못 가게 해?

아이는 감기에 걸려 자체격리 중인 아빠와 놀지 못하는 것이 무척이나 아쉬운 듯 접근금지 명령 앞에 두 발이 묶인다. 자신이 아플 때 자신을 돌봐준 부모에 대한 보은의 마음으로 아빠의 병을 간호하고자 하는 것은 아니었을 테지만, 자신의 욕구가 충족되지 못함에 대한 아쉬움의 토로를 부모는 또 이렇게 곡해하여 듣고 싶은 대로 듣고는 제멋대로 감동하고 만다. 안타까움이었을까 측은했던 것이었을까. 아이가 아비를 바라보는 마음의 근원은 무엇이었을까. 같이 놀지 못해 안타까운 마음에 몽니를 한번 부려보았던 것일까… 아니다. 아이의 응석은 후안무치의 그것이라기보다는 사랑을 가득 담은 아리따운 앙탈로 보아야 옳다. 간혹 아이의 앙탈이나 투정을 사랑의 정서로 받아들이지 못하고 오직 훈육으로 대하는 사람을 볼 때면 그 정서의 을씨년스러움이 느껴져 "아이고" 하는 장탄식을 내뱉으며 서둘러 그 자리를 벗어나기 위해 발걸음을 재촉한다. 무조건적인 사랑이 늘 옳은 결과를 도출하는 것은 아니지만 지나치게 엄격하고 차가운 사랑은 더더욱 제대로 된 결과를 빚어내기 어렵다.

따듯함은 무엇인가. 아이의 말을 근거 삼아 생각해 본다면 아마도 함께 있어 주고 싶은 마음, 그런 것이 아닐까. 개인주의의 탈을 쓴 이기주의와 극단적인 기브 앤 테이크가 점차 일반론으로 자리 잡아가는 현시대에, 내가 위험해질지도 모르는 상황에서 선뜻 함께하기를 자처하는 행위를 발견하는 것은 몹시 희박한 일이다. 그래서 우리는 그런 따듯함, 대가를 기대하지 않는 자기희생적인 따듯함이 품고 있는 일종의 경건함에 고개를 떨구게 된다. 그것은 숭고한 마음이기 때문이다.

아이를 기르다 보면 가끔 내 마음이 경건해짐을 느낀다. 그것은 일종의 종교 체험과 비슷하다. 순간적인 어떤 깨달음을 느끼기도 하고, 무어라 형용하기 힘든 마음이 들어 숙연해지기도 하며, 절대적인 진리를 마주한 것 같은 기분에 고양감을 느끼기도 한다. 이해해야만 따를 수 있는 것이 과학적이고 합리적인 삶의 자세라고 한다면 그저 믿기 때문에 따를 수 있는 것은 종교적인 삶의 자세다. 자녀를 기르는 일은 그런 의미에서 과학적 삶이라기보다 종교적 삶에 가깝다. 그저 믿고, 의지하고, 계산하지 않기에 그렇다. 그것은 일종의 구도자적인 삶에 가깝다. 그렇다, 자녀를 기르고 자녀를 대하는 일은 구도의 길과 비슷하다. 그래서 그것은 깨달음의 연속이자 고통의 반복이지만 죽는 그날까지 추구할 수밖에 없는 인간의 필연적 숙명과도 같다.

근데 계속 기다려도 안 오면?

아들 아빠, 지금 왔을까?

아빠 아니, 오늘은 안 와. 어제 주문했으니까 내일이나 모레 올 거야.

아들 택배 아저씨가 빨리 와서 오늘 왔을 수도 있잖아.

아빠 그럴 수도 있는데 보통 택배는 2~3일 정도 걸려.

아들 빨리 왔으면 좋겠다.

아빠 하루만 더 기다려봐.

아들 그래도 안 오면?

아빠 그럼 하루를 더 기다려야지.

아들 근데 계속 기다려도 안 오면?

며칠 전부터 갖고 싶은 레고가 있다고 노래를 부르기에 결국 사주고 말았다. 어제 인터넷으로 주문했으니 집에 도착하려면 넉넉잡아 2~3일쯤 기다려야 할 터였다. 하루 만에 배송이 오기도 하지만 도착 일정이 미뤄지는 것보단, 예상보다 일찍 도착하는 편이 가족의 평화에 도움이 된다는 것을 깨달은 우리 부부는 "도착하려면 멀었는데?"를 연신 외쳐댔다.

어제 함께 휴대폰으로 주문을 완료한 그 순간부터 아이의 머릿속은 온통 장난감 생각으로 가득 찼는지 어제는 "언제 올까? 지금 오고 있나?"를 줄기차게 묻더니 오늘은 아침에 눈을 뜨자마자 "오늘 오겠지? 오늘 올 거야. 택배 아저씨가 지금 오고 있어?"라고 끊임없이 질문을 퍼붓는다. 같은 말을 자꾸 반복하게 하는 것이 귀찮다가도 아이가 얼마나 설레는 마음으로 장난감을 기다리고 있을지 생각하니 한편으로는 이해가 된다. 그 마음을 온전히 누리도록 돕는 것 또한 부모의 할 일인가 싶어서 물어올 때마다 성실하게 답변해 주려 애를 쓴다. 그렇게 비슷한 질문과 비슷한 대답을 몇 차례 반복하다가, 기다려도 기다려도 오지 않으면 어떡하냐는 아이의 말에 무어라 대답해야 좋을지 몰라 잠시 머뭇거리게 된다.

기다리고 기다려도 오지 않는 것, 우리는 인생을 살아가며 때때로 그런 막연함과 불안감에 사로잡힐 때가 있다. 그것은 하염없이 고도를 기다렸던 에스트라공과 블라디미르가 겪었던 기다림 같다. 기다림의 대상이 무엇인지 실체가 명확하지 않아 평생토록 허공에 손을 휘젓기도 하고, 명확한 실체가 있음에도 불구하고 언제 그것에 도달할 수 있을지, 아니 도달하는 것이 가능하기는 한 것인지 기약과 확신이 없어서 불안감에 떨기도 한다. 기다려도 오지 않으면 어떡하냐는 아이의 단순한 질문은 생을 관통하는 묵직한 질문이 되어 날아온다.

"아빠도 몰라."라고 답하고 싶을 때가 한두 번이 아니지만, 아이의 삶이 조금이라도 가벼워지길 바라는 마음에 어떻게 해서든 내가 알고 있는 범위 안에서 최선의 답을 내어주고 싶다. 그런 마음을 품고 고민하며 나는 아이와의 대화를 통해 오히려 내 생의 답을 조금씩 찾아간다. 아이의 질문에 답하기 위해 정성스레 갈고닦은 생각들이 오히려 내 삶을 단단하게 만들고 삶의 방향을 더욱 또렷하게 비출 때가 많다. 아이 덕에 내가 자라는 셈이다. 질문에 늘 만족할만한 답을 내어줄 수는 없겠지만 어떻게 해서든 답을 하려 애쓰는 모습을 보이고 싶다. 완벽하지 않은 인간이 할 수 있는 최선의 행위는 그저 최선을 다하는 것뿐이라는 것을 이제는 알기 때문이다. 내가 너에게 내어주는 대답 그 자체보다 나의 그런 모습들을 기억해줬으면 좋겠다고 생각한다. 정말로 내가 바라는 것은 그것뿐이다.

아이의 말에서 무엇을 보고 있나요?

아이와 대화를 나누다 보면 "헉" 하고 놀랄 때가 있습니다. 말문이 막힌다고 할까요? 우리는 아이의 질문, 권유, 주장, 고백에 잠시 혼이 쏙 빠지는 경험을 하곤 합니다. 그것은 당황스럽기 때문이기도 하고, 눈물이 날 만큼 기쁘기 때문이기도 합니다. 혹은 무어라 대답해야 좋을지 나 스스로 답을 알지 못하기 때문이기도 합니다.

- 아이와 대화를 하다가 말문이 막혔던 기억을 한번 떠올려볼까요?
- 왜 말문이 막혔는지 그 이유를 생각해 볼까요?

_____

_____

_____

_____

_____

_____

_____

_____

Chapter 3

"벌써 이렇게 컸구나!"

아이의 성장을 실감하는 말

아이는 태양을 향해 자라는 나무처럼,
사랑을 향해 자란다.

− 존 스타인벡 −

그래도 괜찮아, 다시 하면 되잖아

아들 아빠, 나랑 나무 쌓기 놀이하자.

아빠 그럴까? 그럼 아빠랑 같이 높게 높게 쌓아볼까?

아들 응!

아빠 그래! 그럼 누가 더 높이 쌓을 수 있는지 시합해 보자!

아들 그래 좋아! (집중해서 쌓아 올린 젠가 더미가 잠시 후 와르르 무너져 내린다. 무너진 젠가를 잠시 멀뚱히 바라본다.)

아빠 어쩌지 열심히 만든 나무 탑이 무너져 버렸는데?

아들 그래도 괜찮아, 다시 하면 되잖아.

젠가는 필연적으로 무너져 내려야지만 끝나는 게임이다. 무너뜨림의 주체는 내가 될 수도, 네가 될 수도 있다. 누가 그 마지막 붕괴의 순간에 손을 가져다 댈지는 무너지기 직전까지 알 수 없다. 확실한 것은 언젠가 반드시 무너진다는 것, 그리고 그 순간은 결코 피할 수 없으며 그것은 곧 패배 혹은 실패를 의미한다는 것.

  불과 몇 달 전까지만 하더라도 열심히 나무를 쌓아 올리다가 와르르 무너지는 순간이면 아이는 금세 울음을 터뜨리곤 했다. 승패의 규칙에 아직 익숙해지기 전이었던지라 그 울음은 패배의 분함 때문이 아니었을 것이다. 그보다는 공들여 만들어내던 것이 와르르 무너지는 현장을 자신의 두 눈으로 직면하는 일이 갓 세 돌을 지난 아이에겐 아직 버거운 일이었을 것이다. 그렇게 반복되는 쌓아 올림과 무너뜨림의 과정을 거치며 아이는 무엇을 느끼고 있었던 것일까. 너의 웃음을 보려고 일부러 젠가를 무너뜨리는 아빠의 마음에 보답이라도 하려는 듯 까르르 자지러지며 웃음을 터뜨리는 너는 그 순간 기쁨과 승리의 즐거움을 맛보았을지도 모르겠다. 기어코 너를 이기고야 말겠다고 집중하는 아빠를 마주하며 너는 그 순간 서운함을 느꼈을지도 모르겠다. 게임을 이어가다 결국 아빠에게 지고 난 다음 입술을 씰룩거리며 '으앙'하고 터져버린 너의 울음에는 패배의 쓰디쓴 열패감이 담겨 있을지도 모른다는 생각이 들어 안쓰럽기도 하다. 이길 때면 까르르 자지러질 듯이 웃고, 질 때면 세상 모든 것을 잃은 것처럼 울기만 하던 아이가 어느 날 새로운 반응을 보인다. 이겨도 그저 씩 한번 웃어주고 다른 놀이를 찾아 떠나고, 질 때는 괜찮다며 다시 하면 된다는 말로 스스로 감정을 추스른다.

매 순간 놀랍고 경이롭다. 사람이 변해가는 과정을 이렇게 압축적으로 목격할 수 있는 시절이 어린 시절 말고 또 있을까. 이는 인간에 대한 기대를 품게 만들기까지 한다. 사람 고쳐 쓰는 거 아니다, 사람은 잘 변하지 않는다는 말들이 더 익숙하고 당연하게 느껴지는 나이가 되었음에도 인간은 변할 수 있으며 얼마든지 성장할 수 있노라고 생각하게끔 만드는 순간. 아이는 그래서 늘 기적적이며 예외적이고 모든 아름다움을 품고 있는 존재다. 승패가 범람하는 세상에서 그렇게 늘 다시 하면 된다는 마음으로 살아가기를, 승리의 달콤함에 취해 오만한 사람이 되지 않기를, 패배의 열패감에 휩싸여 적개심에 허송세월하는 사람이 되지 않기를, 어떤 일이 생기더라도 오늘처럼 덤덤하게 "괜찮아, 다시 하면 되잖아."라며 훌훌 털고 일어설 줄 아는 사람이 되기를. 그렇게 너의 나무를 하나하나 심고 가꾸며 쌓아갈 줄 아는 사람이 되기를 기쁘고 흐뭇한 마음으로 소망한다.

할아버지랑 같이 먹게
보라색 포도도 사줘

엄마 아들은 무슨 과일을 좋아해?

아들 포도.

엄마 그래, 그럼 내일 포도 사다 줄게~

아들 초록색 포도 사다 줘, 그게 제일 좋아.

엄마 응, 내일 엄마가 사다 줄게.

아들 응. 그런데 보라색 포도도 사다 줘. 할아버지는 보라색 포도 좋아해. 할아버지랑 같이 먹게 보라색 포도도 사다 줘.

아니 얘가 왜 이러지. 그렇게나 지기 싫어하고 주기 싫어하던 녀석이 요즘 들어 예쁜 말을 많이 한다. 자신이 먹고 싶은 것을 요구하면서 동시에 할아버지가 좋아하는 포도를 떠올리며 함께 사 오라는 말에 감동하지 않을 부모가 어디 있으랴. 아빠가 좋아하는 초록색, 엄마가 좋아하는 커피,

할아버지가 좋아하는 포도, 요즘 부쩍 타인의 기호를 파악하여 기회가 될 때 그것을 건네주려는 모습을 자주 보인다.

우리는 왜 타인의 기호를 파악하려 하는가. 본질적 이유는 사랑받고 싶기 때문이다. 저 사람이 무엇을 좋아하고 싫어하는지, 어떤 기호와 취향을 선호하는 사람인지 파악해 내는 일은 인간이 다른 인간과 교류하기 위해 가장 기본적으로 수행해야 할 기초 작업이다. 다른 사람이 궁금하다는 것은 그 사람과 친밀해지고 싶다는 뜻이다. 친밀해지고 싶은 이유야 다양할 테지만 친밀해지고 싶다는 그 생각을 실현하기 위해서 우리는 타인에게 다가간다. 다가서려는 행동을 실행하려 할 때 가장 기본적인 접근법은 그 사람의 기호를 파악하는 일이다. 아이는 그렇게 타인의 기호를 파악하며 자연스레 관계 맺음의 기초적인 방법을 터득해 간다. 타인의 기호를 파악하려는 일은 사랑받고 싶기 때문이기도 하지만 반대로 사랑을 주고 싶기 때문이기도 하다. 그 사람이 좋아하는 것을 내가 전해주고 싶은 그 순수한 마음. 그 사람이 좋아하는 것을 전해주었을 때 기뻐하며 미소 짓는 모습을 바라보기만 해도 기분이 좋아지는 상태. 아이는 어렴풋이 그런 기쁨을 느꼈던 것은 아니었을까.

누구의 기호를 파악하려 하는가. 우리는 살며 어떤 사람들의 기호를 파악하려 애쓰는가. 그것이 주로 상사나 선배, 거래처 사장님처럼 내 욕망을 실현하거나 좌절시킬 수 있는 위력자일 때가 많은가, 가족이나 친구, 혹은 직업과 관련 없는 단체에서 마주한 어떤 이들처럼 나에게 어떠한 위력도

가하지 않을 것이라 예상되거나 갑을관계가 형성되지 않은 사람들일 때가 많은가. 완벽히 전자와 후자를 나누기는 어렵지만 대체로 전자에 해당하는 사람들의 기호를 파악하느라 더 많은 시간을 보내고 있는 사람이라면 불행할 확률이 높다. 그들은 나를 사랑하지 않기 때문이다. 더욱이 나 역시 그들을 사랑하지 않기 때문이다. 이는 사랑을 주고받기 위한 기호의 파악이 아니기 때문이다. 아무래도 후자에 해당하는 사람들의 기호를 더 많이, 자주 파악하려 애쓰는 사람이라면 그 사람은 적어도 사랑에 관해서는 더 커다란 마음을 주고받을 준비가 되어있다고 볼 수 있다.

할아버지의 기호를 파악하려는 아이의 모습은 아름답다. 직장 상사의 기호를 파악하려는 직장인의 모습은 그렇지 못하다. 그것은 각각 사랑과 굴종을 바탕으로 움식이는 마음이기에 그러하다. 움식임의 바탕이 늘 사랑인 사람이 되었으면 좋겠다. 그것이 인생을 덜 외롭게 만들고 조금이라도 행복에 가까워지는 방법이기 때문에 그렇다. 사랑은 늘 옳다. 주기만 하더라도 그렇다. 오늘도 아이와 사랑에 관한 이야기를 나누고 싶다.

아빠, 라온을 하나 더 사자

아들 아빠 끈끈이주걱을 만들고 싶은데 기역이 하나 모자라요.

아빠 그래? 기역이 일곱 개 있나 봐. 그래서 마지막 "걱"의 받침을 넣을 수가 없네. 키읔 받침을 넣어도 소리는 똑같이 걱이라고 나니까 우리 기역 대신 키읔을 넣자.

아들 아니야. 기역을 넣고 싶어. 기역 찾아줘.

아빠 이 보드게임엔 기역이 일곱 개라서 못 만드는 단어가 있을 수도 있어.

아들 (눈을 반짝거리며) 아빠, 그럼 우리 기역이 하나 더 필요하니까 라온을 하나 더 사자.

'라온'이라는 보드게임이 있다. 간단히 말하자면 정사각형 모양의 플라스틱이 있고 그 안에 자음과 모음이 개별적으로 하나씩 적혀 있어 그것들을 조합해 글자를 만드는 게임이다. 우리는 본래의 규칙을 무시하고 아이의 한글 공부를 위해 놀이로 가장해 접근했다. "아들이 좋아하는 자동차를 한번 만들어볼까?", "아들이 좋아하는 파리지옥을 한번 만들어볼까?" 이런 식이다. 그렇게 놀다가 요즘은 초미의 관심사인 식충 식물 이름을 반복해서 만들고 있는데 식충 식물 중 하나인 끈끈이주걱을 만들다가 일이 터지고 말았다. "끈끈이주걱"이라는 글자를 만들려면 기역이 무려 8개나 필요했다. 하지만 보드게임에 기역은 7개가 전부였다. 그래서 마지막 받침에 들어갈 기역이 하나 모자랐다. 그래서 급한 대로 원래는 기역을 집어넣어야 하지만 키읔을 집어넣어도 소리가 같으니 키읔을 집어넣자고 우겨봤다. 하지만 기어코 기역을 집어넣고 싶다며 아이는 며칠째 반복해서 거실 한가운데 "끈끈이지오"라는 글자를 만들어놓고 나에게 시위를 하던 중이었다.

그렇게 며칠 떼를 쓰더니 어느 날 문득 좋은 생각이 떠올랐는지 "그럼 하나 더 사자!"라며 초롱초롱 눈을 빛내는 것이 아닌가. 울고 떼쓰기만 하던 어린아이가 본인의 욕구를 충족시키기 위해 문제 해결을 위한 협상가로 탈바꿈하는 순간이다. 처음에는 뭐든 돈으로 해결하려는 버릇이 들면 어쩌나 싶은 노파심이 먼저 들었지만 생각해 보니 다른 문제 상황에서는 그런 식의 제안을 하지 않았던 것이 떠올랐다. 예를 들면 가지고 놀던 장난감이 부서졌을 때 강력한 풀로 붙여달라고 요구한다거나 대형 마트에서 구경하다가 갖고 싶은 게 있어도 설득을 하면 수긍을 했던 일들. 그런 기억들을 가만히 떠올려보니 무조건 사달라고 하는 것은 또 아닌 것 같다는 생각에 노파심 대신 웃음이 그 자리를 차지했다. 문제를 해결하기 위한 나름의 방법 제시였는지, 그저 좋아하는 장난감을 하나 더 갖고 싶었던 것이었는지, 그 속은 모르겠지만 꽤 유쾌한 응답이었던 것으로 기억에 남을 것 같다. 무작정 울고불고 떼쓰는 것보다야 훨씬 합리적이고 받아들여질 만한 제안이 아닌가. 막무가내식 악성 민원이 난무하는 세상일수록 합리적인 거래를 할 줄 아는 능력은 귀해진다. 목소리만 높인다고 해서 문제를 해결해 낼 수 없다. 떼쓰지 않고 제안할 줄 아는 사람이 되었으면 좋겠다.

긁어줘, 긁어줄 수 있어?

아들 엄마 가려워. 긁어줘.

엄마 응 알았어. (등을 긁어준다.)

아들 엄마 거기 말고 여기 긁어주라니까.

엄마 알았어 긁어줄게. (팔을 긁어준다.)

아들 아니야. 등 긁어주세요.

엄마 긁고 있는데 자꾸 긁어달라고 하면 엄마가 어디를 긁어야 해?

아들 등, 엄마 등 긁어줄 수 있어?

아토피가 있는 것 같지는 않은데 더워서 그런지 아이가 새벽마다 긁어달라며 잠에서 깨는 통에 가족 모두 통잠을 이루기 어렵다. 아이의 칭얼거림을 인지하는 순간 새벽의 단잠에서 깨어나 불쾌지수가 확 높아졌다가도 아무렴 가려워하는 당사자만큼 힘들까 싶은 마음에 여기저기 긁어달라는 곳을 긁어준다. 그런데 그날은 긁어달라는 아이의 말이 자꾸 바뀌는 것이 웃기기도 하고 짠하기도 하여 그날 새벽의 일을 가만히 곱씹어 본다.

부부란 등을 긁어주는 사이라고 누가 말했던가. 이는 내 힘으로 하기 어려운 일을 거들어주는 가까운 존재라는 뜻일 테다. 등을 긁어달라는 아이의 말에는 가까운 존재에 대한 믿음이 있다. 가려우니 시원해지고 싶다는 욕망, 그리고 그 가려운 곳에 내 손이 닿지 않기에 피치 못하게 도움을 요청해야 하는 상황. 이런 조건 속에서 아이는 엄마에게 등을 긁어달라고 요청할 수밖에 없다. 하지만 엄마의 긁음이 시원치 않았던 모양인지 "긁어줘."라는 짧은 요청은 금세 "긁어주라니까."라는 짜증 섞인 요구로 바뀌었다. 그래도 문제가 해결되지 않자 아이는 "긁어주세요."라며 도움을 요청하는 자세로 바뀌었고 종국에 가서는 "긁어줄 수 있어?"라는 형태로 그 절실함을 드러낸다. 졸리고 가렵고, 자고는 싶은데 덥고, 무척이나 짜증이 났을 법도 하다. 단순한 요구였던 "긁어줘."라는 발화는 점차 그 형태를 변화하며 도움을 줄 수 있는 사람에게 도달했고 아이는 결국 시원함을 느끼며 금세 소곤소곤 잠이 들었다.

"긁어줘."라는 당당한 요구에서 "긁어줄 수 있어?"로의 변화가 마냥 긍정적인 것은 아니다. 게다가 도움을 요청할 때 꼭 그런 식의 화법을 이용해야 한다는 말을 하려는 것은 더욱 아니다. 이러한 변화를 바라보는 시각은 둘로 나뉠 수 있다. 자세를 낮추어 가면서도 본인이 원하는 바를 얻어낼 수 있는 것이 중요하다는 실사구시적인 태도를 견지하는 사람이라면 긍정의 박수를 보낼 것이며, 아동기 욕구충족을 중요시하는 사람이라면 어린아이가 그렇게 저자세의 발화를 사용할 때까지 빨리 그 욕구를 충족시켜주지 못했냐며 쓴소리를 할 것이다. 중요한 것은 원하는 바를 달성하기 위해 다양한 표현 방식으로 자신의 원하는 바를 표현해 냈다는 점이다. "긁어줘."에서 "긁어줄 수 있어?"로 문장의 방식이 바뀌어서 그렇게 보일 뿐이지 반대로 "긁어줄 수 있어?"에서 "긁어줘."로 말의 형태를 바꾸어갔어도 아이 입장에는 사실 전혀 이상할 것이 없다. 아이의 나이를 고려할 때 원하는 바를 얻기 위해 자세를 낮추었다는 식의, 어떤 의도를 가지고 발화를 수정했다고 보기는 어렵기 때문이다. 그러니까 변화의 방향성보다는 변화의 다양성에 더 의미가 있다고 볼 수 있다.

다양한 형태로 접근하려는 노력을 가상히 여긴다. 주저하다가 손 한번 뻗어보지 못한 채 그만두거나 한두 번의 얕은 도전 끝에 포기해버리는 경우가 얼마나 많은가. 그런 뒤 우리에게 남는 것은 후회밖엔 없다. 목표 달성을 하건 못하건 그건 중요치 않다. 원하는 바를 손에 넣기 위해 다양한 형태로 접근하는 유연함과 행동력은 한 사람의 인생 전반에 커다란 영향을 끼친다. 끝까지 뻗어봐야만 자신의 기량을 확인할 수 있는 법이니 죽이 되든 밥이 되든 늘 자신을 내던져봐야 한다. '긁어줘, 긁어달라니까, 긁어주세요, 긁어줄 수 있어?'라는 변화무쌍한 도전 끝에 원하는 시원함을 얻어갈 수 있었듯이 인생을 살며 갑갑함과 가려움을 느끼는 순간마다 다양한 방식으로 자신의 등을 긁어낼 수 있는 삶을 살아가기를 응원한다.

이제는 삼십오라고 읽어

아들 아빠, 이건 어떻게 읽어?

아빠 이백삼십오라고 읽어.

아들 아기 때는 내가 숫자가 이렇게 있으면 삼오라고 읽었는데 이제는 내가 커서 삼십오라고 읽어.

숫자가 적힌 보드게임 칩을 섞어가며 세 자릿수 읽는 연습을 하던 어느 날이었다. 어느 시점까지의 자신을 아기로 규정하는지 몰라도 아이는 자신이 아기였을 때는 두 자리 숫자를 보고도 한 자리 숫자처럼 나눠 읽을 수밖에 없었지만, 이제는 자신이 아기가 아닌 존재가 되어서 두 자리 숫자를 제대로 읽을 수 있다고 자랑을 한다. 한 자릿수를 읽던 아이가 두 자릿수를 읽고, 세 자릿수까지 읽게 된 것은 분명 성장이 진행된 것이기에 칭찬과 격려를 아낄 이유가 없다. 다만 그보다 더 기쁘고 기특했던 것은 전에는 읽지 못했던 것을 읽어냈다는 객관적 사실보다 자신이 이전에는 할 수 없었던 것을 지금은 할 줄 알게 되었다는 사실을 명확히 인지하고 있다는 점이었다.

인지에 대한 인지, 그것을 메타인지라 부른다. 내가 지금 무엇을 하고 있는지, 내가 아는 것이 무엇이고 모르는 것은 무엇인지, 내 인지 과정과 사고 체계를 보다 상위의 차원에서 조망하며 알아차리는 능력. 이는 단순히 공부를 위해 필요한 학습의 보조 수단으로써의 능력이라기보다, 삶을 잘 살기 위해 필요한 생의 동반자적 능력이라고 보아야 더 적절하다. 메타인지의 기본은 자기 객관화다. 유아적 자기 중심성에서 벗어나 타인을 바라보듯 자신을 객관적으로 바라볼 줄 아는 사람만이 제대로 된 메타인지력을 획득할 수 있다. 자신이 할 수 있는 것이 무엇이고, 해낼 수 없는 것은 무엇인지 빨리 알아채는 일은 중요하다. 그것은 시간의 낭비를 막을 수 있을 뿐 아니라 좋아하는 일, 잘하는 일을 발견하도록 도와 진짜 삶을 살아갈 수 있는 단초를 제공하기 때문이다.

메타인지가 부족한 사람은 오류가 생긴 자판기처럼 누르지 않은 다른 음료를 자꾸만 내뱉는다. 자신을 과대평가하거나 과소평가하기 일쑤인 그들은, 자신이 해낼 수 없는 일에 몰두하며 시간을 허비하거나, 충분히 해낼 수 있는 일임에도 불구하고 걱정에 휩싸여 황금 같은 기회를 놓치곤 한다. 이는 인생 전반에 걸쳐, 해낼 수 없는 것들에 도전하느라 해낼 수 있는 것들을 흘려보내게 만드는 최악의 선택과 결정을 반복하게 만든다. 그리고 그것은 반드시 후회라는 감정을 남긴다.

할 수 있다는 외침은 그간 살아온 삶의 데이터를 바탕으로 뿌려야 할 보조 영양제와 같다. 한 인간의 삶의 궤적을 파악하고 그 궤적의 테두리 어딘가에 최선의 결과를 내기 위해 보조적인 응원의 구호로 사용될 때 그 효과는 극대화될 수 있기 때문이다. 그래서 아무런 근간이 없고 자료가 없는, 자기 객관화가 없는 상태에서 외치는 "할 수 있다."라는 말은 공허하고 위험하다. 한 인간의 삶을 송두리째 늪으로 가라앉히기에 딱 좋은 말이기 때문이다. 칭찬이 독이 될지 득이 될지, 그것은 받아들이는 사람이 얼마나 자신을 잘 알고 있느냐에 달려있다.

나 이거 기다리고 있었는데, 왔어!

아빠 아들! 오늘 선물이 있어!

아들 무슨 선물?

아빠 지난 주말에 보드게임 카페 가서 재미있게 했던 게임 있지?

아들 상어 아일랜드?

아빠 응, 그게 오늘 도착했대!

아들 오래 걸리지 않고 벌써 도착했대?

아빠 응! 일주일 정도 걸릴 줄 알았는데 생각보다 일찍 도착했네?

아들 나 이거 기다리고 있었는데, 왔어!

보드게임을 즐기는 아들과 함께 지난 주말 보드게임 카페에 다녀왔다. 집에서 몇 개 되지 않는 보드게임으로도 즐겁게 시간을 보내곤 했지만, 가지런히 정돈된 수많은 보드게임 앞에서 아이의 눈은 동그랗게 커졌다. 그 놀람과 기쁨의 감정에 충실하게도 아이는 보드게임 카페에 있는 유아용 게임을 이리저리 살펴보며 하나씩 자리로 가져와 게임을 즐겼다. 여러 게임을 하던 중, 유독 좋아했던 게임이 하나 있었다. 상어가 천천히 다가오면서 다리를 부서뜨리는 게임인데 제한시간 안에 안전한 곳으로 도망치며 점수를 획득해야 하는 단순한 게임이지만 상어의 움직임과 다리가 부서지는 모션에 나름의 긴장감이 있었다. 이용시간이 끝난 후 아이가 유독 좋아했던 모습이 기억에 남아 인터넷으로 곧장 구매했다. 일주일 뒤에 게임이 집에 오면 함께 가지고 놀자는 약속을 했지만, 생각보다 일찍 집에 도착한 선물에 아이는 기쁜 마음을 한껏 표현했다. 아이는 기대하고 있었던 모양이다. 이 장난감이 오기를 기다리고 있었다며 서둘러 택배 상자를 뜯고 비닐을 제거해 달라고 종종걸음으로 달려오는 모습에서 기다림 끝에 기쁨을 거머쥔 사람의 흥분과 설렘이 읽힌다.

기다림은 고통스럽다. 오랜 시간이 걸리고 그 끝에 원했던 결과에 도달하지 못할 수도 있으며, 그 갈증이 거대할수록 인생 자체를 갉아먹는 덫이 될 수도 있기 때문이다. 수능만 끝나면, 어른이 되면, 취직만 한다면, 독립하면, 완벽한 내 짝을 만날 수만 있다면, 내 집 장만에 성공하면, 외제 차만 타게 되면, 승진만 한다면, 하고픈 일을 하고 살 수 있게 된다면, 이런 생각들은 모두 허상이다. 실현이 되건 안되건 결국 그 끝에는 새로운 기다림 혹은 여전한 기다림이 꿈틀대고 있기 때문이다.

   그렇지만 기다림은 분명 사람을 설레게 한다. 그것이 일시적인 환각에 불가하다는 비판을 받을지언정 설렘은 가장 몰입도 높은 현재를 살게 한다. 다음 만날 날을 기약하며 데이트를 끝내고 돌아서는 연인의 뒷모습에서 영원과도 같은 아득함을 느껴본 사람들은 안다. 그것은 사랑이고 기다림이며 가장 강렬한 현재를 살아내고 있는 증거라는 것을. 아이가 장난감을 기다리는 마음 역시 그 크기와 깊이를 가늠할 수는 없겠지만 사랑하는 사람을 기다리는 마음과 같은 파동을 지닌 에너지라는 것은 의심할 여지가 없다. 그것은 아마 고통스러우면서 기쁜 마음일 테니까. 오직 끝까지 기다려본 사람만이 그 끝에 서린 진한 달콤함을 향유할 수 있다. 보이지 않는 세계에 가 닿기 위해서 때로는 의노석으로 볼 수 있는 것늘에 매달릴 필요가 있다. 기다림은 그렇게 무한히 공허한 삶을 살아갈 인간이 현재를 살아낼 수 있도록 돕는 작지만 확실한 디딤돌이 될 수 있다.

어? 갇혀 버렸네, 나

아들 아빠 빨리 주사위 던져.

아빠 알겠어. 3이 나왔다. 앞으로 세 칸 가야지. 하나, 둘, 셋.

아들 이번엔 내 차례야.

아빠 응 던져봐. 그런데 어디로 갈 거야? 어디로 가야 아빠 땅에 걸리지 않을까?

아들 어? 갇혀 버렸네, 나.

아빠 그러게. 앞, 뒤, 오른쪽, 왼쪽 모두 아빠 양탄자가 깔려있는데? 어디로 가야 그나마 아빠 땅에 안 걸릴 가능성이 있을까?

아들 사면초가네.

아빠 응…? 그래 맞아. 사면초가네! 갇혀 버렸다!

보드게임을 하다가 갇혀서 어느 방향으로 움직여도 상대방의 땅을 밟아 점수를 잃게 되었다는 사실을 알아채고 해맑게 웃으며 자신이 갇혀 버렸다고 외치는 사랑스러운 이 아이는 과연 이후에 또 어떤 변화를 보여줄까. 아이의 새로운 변화가 다시금 기대되는 이유는 이 지점에 도달하기까지 몇 차례의 진화 과정을 거쳐왔음을 두 눈으로 확인했기 때문이다. 아이가 처음부터 웃으며 자신의 처지를 순순히 받아들였던 것은 아니었다. 처음에는 울고불고 게임을 하지 않겠다고 뒹굴었다. 게임의 규칙을 지키기는 커녕 자신이 점수를 잃는다고 바로 지는 것이 아님에도 불구하고 단 1점을 내어주는 것을 용납할 수 없다는 듯 뒤로 냅다 드러누워 울음시위를 감행하곤 했다. 그럴 때면 그 쨍쨍한 울음소리에 귀도 아프고 반복되는 투정에 짜증이 치솟기도 한다. 하지만 같이 놀기 위해서, 아이의 발달을 위해서, 끊임없이 반복적으로 규칙을 설명하고 마음을 어루만져주는 고되고 지난한 기다림의 시간이 필요했다.

그렇게 끝나지 않을 것처럼 울어 대던 아이는 어느 날 울음을 멈추고 자신이 원하는 숫자가 나올 때까지 주사위를 반복해서 던지기 시작했다. 이 역시 규칙을 어겼다는 점은 같지만 막연하게 현실을 부정하며 자신의 감정만을 앞세우던 '드러누워 울어 재낌'의 시기와 달리 나름대로 이기기 위한 전략을 수립한 것처럼 보여 일견 대견해 보이기까지 했다. 무엇보다 '소리'의 고통에서 해방되었다는 점이 마음을 조금 너그럽게 만들었다. 그러더니 어느 날 아이는 웃으며 자신의 처지를 받아들였고 규칙을 지키며 게임을 즐기기 시작했다. 아이의 입에서 "갇혀 버렸네?"라는 말이 나옴과 동시에 하늘 위로 솟아오르는 그의 입꼬리와 눈꼬리를 바라보며 나는 속으로 "이제 됐다."라며 쾌재를 불렀다.

　교육이라는 행위는 때때로 밑 빠진 독에 물 붓기처럼 느껴진다. 교육의 대상이 바뀔지 안 바뀔지 모르거니와 바뀐다고 하더라도 도대체 언제 그런 기적 같은 일이 일어날지 도무지 기약이 없기에 그렇다. 긍정적인 변화가 일어나는 경우는 손에 꼽을 만큼 극히 드물게 발생하는 일이기 때문에 더더욱 그렇다. 어느 너그러운 교육자는 "내가 보지 못했다고 꽃이 피지 않은 것은 아니며 언젠가 꽃 피울 수만 있다면 그것을 목격하는 것은 꼭 내가 되지 않아도 좋다."라고 말하기도 한다. 이는 교육을 업으로 삼고 살아가는 사람이라면 마땅히 마음에 품고 새겨야 할 자세이지만 그것이 진짜로 발생할 수 있는 일이라고 확신하는 것은 전혀 다른 영역의 일이다. 그러한 이유로 피교육자의 아주 작은 변화 앞에서도 교육자는 무한한 가능성을 확인하고 밀도 높은 환희를 경험한다. 교사가 그러하고 부모가 그러하다.

　현실 부정 〉 외면과 요령의 기대 〉 사실 직면과 문제 해결, 아이는 이런 과정을 거쳐 새로운 단계의 정서로 도약한다. 이는 성인이 문제 상황에 맞닥뜨렸을 때 보이는 반응과 유사하다. 부정 〉 요령 〉 받아들임, 현명한 사람이라면 현실 부정과 요령 피우는 것 없이 곧바로 받아들임의 단계로 나아갈 수 있을지도 모르겠으나 범인들에게 이는 결코 쉬운 일이 아니다. 자신을 모자라고 부족하다고 생각하는 대부분의 평범한 사람들은 그렇게 후회를 반복하고 미련을 떨쳐내며 조금씩 앞으로 나아가기 위해 애쓰며 살아간다. 부족하지 않은 사람은 없다. 자신이 처한 상황을 파악하며 그때그때 그 순간들을 받아들이고 대처하며 살아갈 뿐이다.

원래 사람 마음은 변하는 거야

아들 나 이제 포켓몬스터 안 좋아해.

아빠 왜? 네 살 때는 엄청 좋아했었잖아.

아들 이젠 마리오가 좋아.

아빠 그렇구나. 그럼 나중엔 또 다른 캐릭터를 좋아할 수도 있겠네?

아들 응, 원래 사람 마음은 변하는 거야.

자동차를 좋아하다가 공룡을 좋아하게 되고, 〈뽀로로〉를 좋아하다가 〈타요〉를 좋아하게 되고, 〈로보카 폴리〉를 좋아하다가 〈헬로 카봇〉을 좋아하게 되고, 〈포켓몬스터〉에서 〈슈퍼 마리오〉로 아들의 장난감에 대한 관심사는 시간을 두고 변해간다. 그리고 자신도 그런 변화가 당연하다는 듯, 그리고 그것을 인정한다는 듯 사람의 마음은 원래 변하는 거라며 고개를 끄덕인다. 어떻게 사랑이 변하냐는 드라마의 대사는 모든 것이 변한다는 것을 이미 깨닫기라도 한 듯 보이는 다섯 살 아이의 통찰에 미치지 못한다. 하지만 드라마의 주인공이 다섯 살 아이가 깨달은 삶의 진리를 몰랐을 리 없다. 그것은 그저 변할 수밖에 없는 것이 변하지 않기를 바랐던 간절한 바람이자 자신의 시선과 정반대 방향으로 달려가는 대상에 대한 원망이며 지나온 자신의 삶에 대한 회한이었을 따름이다. 그렇게 우리는 모든 것이 변한다는 것을 알면서도 막상 변해가는 대상과 마주할 때면 속절없이 무너져 내린다. 그리고 그것이 나와 결을 달리하는 변화임을 알아차렸을 때 더욱 가파르고 무참하게 무너진다.

긍정의 변화가 있고 부정의 변화가 있다. 전자는 진화요, 후자는 흑화다. 모든 종류의 흑화 앞에 우리는 망연자실할 수밖에 없다. 선량했던 아이가 불량해지는 모습, 건실했던 청년이 방탕해지는 모습, 성실했던 아버지의 무기력해진 모습, 이런 부정의 변화 앞에서 가슴이 쪼그라드는 것을 막을 수 없다. 원래 사람 마음은 변하는 것이라는 아이의 말 앞에 철렁함을 먼저 느낀 것 또한 진화보다 흑화를 직간접적으로 더 많이 경험했기 때문이리라. 하지만 빛이 어둠을 몰아내고 햇살이 물기를 말리듯 밝게 웃는 아이의 미소 앞에서 부정적 변화에 대한 두려운 생각은 긍정적 변화에 대한 기대에게 그 자리를 금세 내어주고 만다.

그래서 너는 앞으로 어떻게 변해가게 될까? 미래를 알 수는 없지만, 부모란 본디 가능성에 맹목적으로 목을 맬 수밖에 없는 존재인 탓에 흑화할 너의 모습에 대한 두려움은 진화할 네 모습에 대한 기대감 뒤로 쉽게 그 자취를 감춘다. 그래서 당연하게도 불안보다는 기대에 찬 눈빛으로 다시금 너를 지그시 바라보게 된다. 어제에서 오늘로 건너오며 네가 보여준 그간의 변화는 모든 순간 긍정의 변화였으니, 오늘에서 내일로 건너가며 네가 보여줄 앞으로의 변화 역시 모든 순간 긍정의 변화이리라 믿는다. 그렇게 부모는 자식을 믿고, 응원하고, 기다리며 지켜본다.

아이들이 너무 가고 싶어 해서 간대

아들 아빠, 그런데 오늘도 비 온대.

아빠 그럼 소풍은 어떻게 한대?

아들 오늘은 비 와도 간대.

아빠 정말? 비 오는데 고구마를 어떻게 캐지?

아들 몰라. 그래도 아이들이 너무 가고 싶어 해서 간대.

지난 수요일 아이가 다니는 유치원은 현장체험학습이 계획되어 있었다. 하지만 비가 오는 바람에 현장체험학습은 취소되었다. 소풍날만을 손꼽아 기다렸던 다섯 살 아이들의 마음에는 커다란 아쉬움이 밀려왔겠지만 여러 변수를 고려하면 잘된 일이라고 생각했다. 그때 못간 현장체험학습을 이번 수요일엔 무슨 일이 있어도 가겠노라고 유치원 선생님들은 아이들의 마음을 달래주었나 보다. 그렇게 기다리던 수요일 아침이 되었다. 그런데 창밖을 보니 또 먹구름이 잔뜩 끼어 있다. 핸드폰을 열어 강우 확률을 살펴보니 40%다. 40%는 애매한 수치다. 비가 올지 안 올지 도무지 예측할 수 없는 40%의 수치 앞에서 혹여나 오늘 또 현장체험학습이 취소되면 어쩌나, 그렇다고 현장체험학습을 갔다가 비가 오면 어쩌나 싶어 이래도 걱정 저래도 걱정이었다. 그렇게 걱정을 잔뜩 끌어안고 아이를 바라봤다. 날씨 따위는 아무래도 좋다는 듯 아침 일찍 일어나 거실에 앉아 블록 쌓기 놀이를 하는 아이를 가만히 바라본다. 아빠의 걱정하는 마음을 알아차리기라도 한 모양인지 아이는 묻지도 않았는데 먼저 말을 꺼낸다.

"아빠, 그런데 오늘도 비 온대.", 오늘 비가 온다는 것을 어떻게 알았을까. 먹구름을 보고 알았을까, 엄마가 일기 예보를 보고 날씨를 알려준 것일까. "그럼 소풍은 어떻게 한대?", "오늘은 비 와도 간대, 아이들이 너무 가고 싶어 해서 간대." 마치 자신은 그 "아이들"에 속하지 않는 것처럼 덤덤하게 내뱉는 말이 재미있다. 만약 소풍을 못 가게 되면 슬퍼서 울 거냐고 묻자 자신도 친구들도 그런 것으로는 이제 울지 않는다고 말하는 아이와 마주 앉아 기분 좋은 웃음을 터뜨린다. 그나저나 궁금하다. 오늘은 고구마를 캐온다고 했는데 고구마는 잘 캤는지, 수확한 고구마를 어디에 담아 오는지, 고구마를 캐기 위해 쪼그려 앉았다가 뒤로 벌러덩 넘어지진 않았는지, 어떤 도구를 이용해서 캤을지.

아이를 낳기가 두려웠던 이유는 내가 과연 아이에게 사랑을 줄 수 있을까 하는 마음 때문이었다. 이렇게 아이의 일거수일투족이 궁금한 것을 보니 아이를 사랑하기는 사랑하는 모양이다. 온 마음과 정성을 남김없이 쏟아부을 수 있는 대상이 존재한다는 것은 귀한 일이다. 어느 연예인이 말하길 자신이 앞으로 어떤 커리어를 쌓아도 아이를 낳아 기르는 일보다 완벽에 가까운 일을 수행해 낼 수 없을 것 같다는 생각이 들어 아이를 낳기로 결심했다고 한다. 공감되는 말이다. 사랑과 열정을 쏟아부어야 하는 일, 기약 없는 기다림을 감내해야 하는 일, 결과가 좋지 않아도 받아들여야 하는 일, 내 뜻대로 되지 않더라도 기꺼이 수행해야 하는 일, 타의에 의해서는 결코 평생토록 수행할 수 없는 일. 이렇게 하나씩 나열하고 다시 소리 내어 읽어보니 아이를 기르는 일은 구도자의 길과 다르지 않아 보인다.

블록도 마음이 있대?

아들 아빠 이것 좀 도와줘 블록이 안 끼워져.

아빠 그럴 땐 다른 블록으로 바꿔서 끼워봐. 그럼 잘 끼워질 수도 있어.

아들 어? 그러네, 바꾸니까 한 번에 끼워지네.

아빠 그렇지? 잘 맞는 블록이 있고 안 맞는 블록이 있어.

아들 같이 자리에 앉고 싶지 않은 것처럼 블록도 마음이 있대?

디폼 블록이라는 아주 작은 블록으로 이것저것 만드는데 취미가 붙은 요즘, 아이는 도안을 보고 집중하며 블록 조각을 끼운다. 혼자서 블록 조각을 조립하다가 가끔 아귀가 맞지 않아 끼워지지 않는 블록을 가져와 끼워달라고 할 때가 있다. 그럴 때 다른 조각으로 바꿔 끼워보면 빡빡했던 이전과 달리 이제야 제 짝을 만났다는 듯 부드럽게 스르륵 끼워진다. 그렇게 몇 번 조각을 맞춰주다가 혼자서 해결하길 바라는 마음에, 잘 맞는 블록이 있고 안 맞는 블록이 있으니 다른 조각으로 바꿔서 끼워보라는 말에 아이는 친구 관계를 떠올린 모양이다. 자리에 같이 앉고 싶지 않은 것처럼 블록도 마음이 있어 서로 함께하기 싫어하는 것이냐는 아이의 질문에 말을 아낀다. 누군가가 좋아지는 것도 싫어지는 것도 인간사의 자연스러운 흐름인데 자리에 같이 앉고 싶지 않은 아이와도 함께 앉아야 한다며 선량함에 대해 말해주어야 할까, 네 마음 가는 대로 하는 것이 중요하니 마음에 들지 않는 친구와는 함께 앉지 않아도 된다고 말하며 개인의 욕구충족을 우선시하는 것에 대한 죄책감이 들지 않도록 안내해야 할까. 전자는 배려와 선량함을 익힐 수 있겠으나 불만이 쌓일지도 모를 일이고 후자는 죄책감 없는 자유로움을 느낄 수 있겠지만 타인의 상처에 공감할 줄 모르는 사람이 될지도 모를 일이다.

    어린 시절 아이의 질문에 부모가 어떤 대답을 하느냐에 따라 아이는 자신과 세상을 연결하며 가치관을 형성해 나간다. 양면을 들여다보기보다 정답을 받아들이는 것이 쉬운 아직 어린 다섯 살 아이에게, 이럴 수도 있고 저럴 수도 있다는 대답으로 늘 조심스러운 생각과 마음을 전하지만 어디까지 받아들여질지, 어떻게 받아들일지는 알 수 없는 일이다. 어떤 아이와 함께 앉고 싶었던 것인지, 어떤 아이와 함께 앉기 싫었던 것인지 물어보고 싶기도 하고 어떤 상황에서 그런 마음이 들었는지 묻고 싶기도 하였으나 블록 조립에 집중하고 있는 아이를 방해하고 싶지 않아 고민 끝에 "그런가 봐."라고 얼버무리고 말았다. 내가 내려주지 못하고 망설인 답을 스스로 찾아가길 바라는 수밖에 별다른 도리가 없다.

아니야, 말이 잘못 나왔어

아들 아빠, 구구단 게임 하자.

아빠 좋아~

아들 구구단을 외자. 구구단을 외자. 삼 삼은?

아빠 구! 구구단을 외자. 구구단을 외자. 삼 구?

아들 이십사.

아빠 에! 아닌데~ 틀렸어.

아들 아니야. 말이 잘못 나왔어. (잠시 생각한 뒤) 삼 구는 이십칠이야.

틀렸다는 말에 "아니야!" 하고 고래고래 목놓아 울던 녀석이 이제는 제법 틀린 이유를 되짚어 볼 줄 알게 되었다. 게다가 기특하게도 제대로 된 답을 고민하여 내어놓기까지 한다. 수용 능력과 메타인지가 조금씩 발달하고 있다는 뜻이다. 틀림을 다양성이라 착각하며 살아가는 사람들이 넘치는 시대가 되었다. 다름과 틀림의 경계는 무릇 한 끗 차이일 테지만 명백한 틀림 앞에서도 다름을 주장하는 사람들 덕분에 적당히 피로했던 세상은 고도로 피로한 세상이 되어간다. 아무도 자신의 오류를 받아들이지 않는 세상, 그래서 더더욱 서로의 잘못을 건드리지 않기 위해 조심하는 세상, 그 덕에 점점 더 무지와 반감의 평균이 상승하는 세상, 그렇지만 기술 발달에 힘입어 자신이 그 누구보다 똑똑하다는 착각에 빠진 채 살아가는 사람들이 그 어느 때보다 많은 세상. 생각을 교류하며 살아가기에 최고의 조건임에도 불구하고 역설적으로 생각을 교류하기 가장 어려워진 세상 속에서 우리는 살고 있다.

네가 틀렸다는 말 앞에서 2초의 멈춤을 보여줄 수 있는 사람은 가히 현대의 부처라 해도 좋다. 많은 사람이 0.001초의 무서운 반사신경으로 자신이 틀리지 않았음을 반박하기 바쁘다. 수용 능력이 없기 때문이다. 살다 보면 내 말이 맞을 때도 있고 틀릴 때도 있는 것이 당연함에도 우리는 늘 자신의 말과 행동이 모두 정답이라고 생각하며 살기라도 하는 것처럼 부정의 언어를 견디지 못한다. 그리고 그 순간은 때때로 한 인간의 가장 처량한 모습을 들춰내 다른 누군가의 기억 속에 그 처참하고 추악한 모습을 영원히 박제시킨다. 받아들임이 불가능한 이유는 메타인지가 발달하지 않아서일 수도 있고, 메타인지가 발달하지 못한 이유가 수용 능력이 없기 때문일 수도 있다. 그렇다면 이것은 우선순위를 따질 일이 아니라 꼬리물기처럼 무한히 반복되며 성장하고 상생하는 지적 발달과정이라고 봐야 옳다. 어디서부터 꼬여버린 것인지 알 수 없는 인간관계처럼 수용 능력과 메타인지의 관계 역시 어느 한 부분이 고장 나게 되면 나머지 부분이 제대로 작동하기 어려워진다. 고로 주체적인 삶, 자기 만족적인 삶을 위해서 메타인지는 꼭 필요하다. 소크라테스 만세다.

불행한 사람이 점점 늘어나고 자살률이 끝 모르게 높아지는 이유도 어쩌면 메타인지의 부족, 받아들이는 능력이 부족한 사람이 늘어나는 것과 관련이 있는 것은 아닐까. 수용 능력이 없는 사람들은 곧바로 타인을 몰아세우기 쉽다. 개인의 행복을 위해서도, 사회의 건강을 위해서도, 각자도생이나 아시타비(나는 옳고 너는 틀렸다.) 같은 말의 유행이 달갑지만은 않다. 틀렸다는 말에 고래고래 울고 소리치는 것은 영유아기에 끝냈어야 할 일이다. 알아차리고, 받아들이고, 고쳐나가는 것, 그것이 삶이다.

아빠 오늘은 목 안 아파?

아들 아빠 오늘은 목 안 아파?

아빠 응, 왜?

아들 어제 목 아프다고 했잖아.

아빠 어제 약 먹었더니 오늘은 괜찮아졌네.

아들 그럼 책 읽어 줄 수 있어?

상대방의 상태를 살피지 못하고 다짜고짜 자기 할 말을 던지는 사람들이 있다. 혹은 애초에 그럴 필요가 없다는 듯 전혀 남을 의식하지 않고 자신의 기분을 분출하는 사람들이 있다. 전자는 눈치 없음이요, 후자는 갑질이다. 그리고 이 둘은 자신의 욕구충족이 최우선 목표라는 공통점이 있다. 자신의 욕망을 충족시키는 것은 모든 인간의 근원적인 행동 동기이겠지만 타인의 상태에 아랑곳하지 않고 자신의 욕구를 충족시키기 위해 타인을 이용하는 사람들을 우리는 사이코패스 혹은 소시오패스라 부른다. 타인의 상태에 아랑곳하지 않고 오직 자신의 안위만을 챙기는 사람에게 우리는 적대감을 느낀다. 그만큼 말과 행동은 시의적절해야 한다.

　인류의 성장과 유지를 위해 최전선에서 활용되는 언어는 그 범용성 덕에 힘을 얻음과 동시에 인간사에 전방위적 해악을 끼치기도 한다. 말로 사람을 죽인다는 말은 결코 수사적 표현이 아니다. 실제로 많은 사람이 타인의 무례한 말 때문에 고통받고 있지만 무례한 말을 뱉은 당사자들은 그 사실을 거의 인지하지 못한다. 남을 상처 입히기 위해 의도를 담아 쏘아낸 말이 있고, 의도는 없었지만 받아들이는 사람의 상황이 그 언어와 결합되어 상처가 되는 말이 있다. 의도가 있건 없건 언어의 발화와 수용 사이에는 반드시 맥락이 있고 의미는 반드시 맥락 안에서 형성된다. 그리고 그 맥락이라는 것은 대부분 나와 너 사이의 보이지 않는 관계망에 그 토대를 두고 있다. 그래서 촘촘하지 못한 관계일수록 오해가 비집고 들어갈 틈이 넓을 수밖에 없다. 관계의 틈새에는 반드시 정보의 공백이 있는 탓이다. 촘촘한 관계라는 것은 단순히 그 사람과 알고 지낸 시간의 양에 비례하지 않는다. 그렇다고 알고 있는 정보의 양에 따라 좌우되는 것도 아니다. 그것은 오직 섬세함에 달려있다.

　섬세한 사람은 남의 말에 상처를 잘 입는다. 단순히 마음이 여리고 피해의식에 휩싸여 별 의미 없는 말을 제멋대로 해석해 혼자서 가슴에 비수를 꽂는 것이 아니라 맥락을 귀신같이 파악하고, 비언어적 표현을 느끼며 발화자의 언어가 포함하고 있는 다양한 의미와 의도의 가능성을 늘 염두에 두는 탓이다. 그리하여 섬세한 사람들은 표현에 있어 조심스럽다. 그것은 서툴기 때문이 아니라 나로 인해 다른 누군가가 상처받게 하고 싶지 않다는 배려심의 발현이다.

아이는 "책 읽어줘, 책 읽어주라니까~"라며 생떼를 부릴 수도 있었다. 하지만 그보다는 어제 내가 목이 아팠다는 정보를 바탕으로 오늘은 목 상태가 어떤지 확인하는 과정을 거쳤다. 그리고 나서야 "책 읽어줄 수 있어?"라며 자신의 욕망을 실현하기 위한 시도를 한다. 삶의 한 장면으로 한 인간의 됨됨이를 파악하는 일은 불가능한 일이지만 이런 순간이면 아이가 적어도 다른 사람에게 맥락 없이 막무가내로 들이대지는 않을 것 같다는 생각을 하게 된다. 무례하고 부끄러움을 모르는 사람을 마주하고 있을 때면 세심한 시선과 배려심을 가지고 살아가는 일이 되려 내 목에 칼을 겨누는 것처럼 느껴질 때도 있지만, 그것이 분명 더 나은 방향의 삶을 살아가는 것이라는 자부심으로 눈 감는 순간에 평온함을 담보해 주리라는 믿음을 가지고 살아가고 싶다.

아이의 말에서 무엇을 보고 있나요?

아이를 키우다 보면 어제 다르고 오늘 다르다는 것을 매일 느낍니다. 이는 수사적 표현이 아니라 실제적 경험에 가깝습니다. 아이의 성장은 손과 발이 자라고, 어제까지 안 보이던 솜털이 어느 날 갑자기 보이는 것처럼 외형의 변화를 통해 관찰되기도 하고, 어제까지 기어다니던 아이가 오늘 갑자기 두 발로 걷는 것처럼 행동의 변화를 통해 관찰되기도 합니다.

- 아이의 성장을 목격할 때 부모는 지극한 기쁨과 감동을 느낍니다. 아이의 성장을 느낄 수 있었던 한마디 말이 불현듯 떠올랐다면 그 소중한 기억이 사라지기 전에 서둘러 기록해 볼까요?
- 아이의 성장만큼 중요한 것이 부모의 성장입니다. 우리의 성장을 위해 무엇을 할 수 있을지 생각해 볼까요?

Chapter 4

"그래, 네 말이 맞다."

부모를 성숙하게 하는 말

부모가 된다는 것은 단순한 역할이 아니라,
한 편의 긴 사랑의 이야기다.

- 미치 앨봄 -

힘들 때는 도와주는 거야

아빠 과자 다 먹었으면 정리해야지.

아들 나 혼자 다 정리해야 해?

아빠 그럼. 다 아들이 먹은 과자니까. 아들이 혼자 정리해야지.

아들 힘든데.

아빠 자기 물건은 자기가 정리하는 거야.

아들 맞아. 그런데 힘들 때는 도와줘야지. 나 힘드니까 도와줘.

아빠 정리를 하나도 안 했는데 벌써 힘들어? 정리를 좀 하다가 힘들어지면 그때 도와줄게.

아들 힘드니까 쉬어야겠다.

> **아빠** …?

일 년 전만 해도 말을 못 해 애를 태우던 녀석이 이제는 별 꼼수 부리는 말을 다 한다. 한 것도 없으면서 힘들 것 같으니 도와달라는 말을 먼저 꺼내거나, 힘들지도 않았으면서 힘드니까 쉬어야겠다며 벌렁 드러눕는 아이를 바라보고 있자니 너털웃음이 난다. 제대로 된 습관을 잡아줘야 남에게 민폐 끼치지 않고 알아서 자기 할 일을 척척 해내는 그런 사람이 될 텐데, 버릇 나빠질 것을 두려워하면서도 잔꾀를 부리는 그 순간에는 피식하고 새어 나오는 웃음을 참아내기 어렵다. "자기 물건은 자기가 정리해야 한다."는 진리를 이미 알고 있으면서도 "남이 힘들 때는 도와줘야 한다."는 또 다른 진리로 자신의 편의를 도모하는 모습을 보면서 싫은 소리를 할까 말까 고민이 된다. 하나의 진실을 가르칠 때마다 이처럼 또 다른 진실을 가져와 대응하는 일이 점점 잦아질 텐데 그때마다 무슨 말과 당위로 세상살이에 필요한 것들을 가르칠 수 있을지 자신이 없다. 상황에 따라 설명하기 좋게 딱 떨어지는 진실이나 아이의 반박에 오류를 짚어내기 쉬울 때도 있겠지만 그와 반대로 나조차도 명쾌하게 답을 내리기 어려운 생각들에 대해 아이가 물어오는 날에는 어떻게 답해야 할까.

아이 키우는 일을 도 닦는 일에 비유하는 이유가 여기에 있다. 아이들이 사고뭉치 말썽꾸러기라서 인내심이 필요하여 도를 닦는다고 표현하는 것이 아니다. 정말 도를 닦듯 진리를 끊임없이 탐구해야 하기 때문이다. 부모는 자식에게 선하고 올바른 것을 이야기할 수밖에 없다. 자식을 악인으로 기르고 싶은 부모는 없기 때문이다. 하지만 그 올바름에 관해 스스로 생각해 본 적 없는 부모는 결국 아이의 허술한 논리에 무너지고 만다. 진리라고, 올바르다고 들어왔고 어렴풋하게 그렇다고 여겨왔던 것들에 대해서 아이의 입을 통해 나온 왜냐는 질문은 부모의 촘촘하지 못한 사유를 손쉽게 무너뜨리기 때문이다. 아이가 나에게 왜냐고 묻기 전에 내가 먼저 자꾸 왜냐고 물어야 한다. 그래야 단단한 답을 낼 수 있고 그제야 당당하게 아이 앞에 설 수 있게 된다. 아이를 기르는 일은 그래서 진리를 탐구하는 일이면서 동시에 사람다운 사람이 될 기회인 셈이다. 아이를 제대로 길러 낸 사람들은 그래서 득도의 경지에 이른다. 끊임없이 스스로 생각하며 자신만의 답을 만들어본 사람들이기에 그렇다.

나한테는 하지 마

아빠 우와 오늘 목욕 진짜 오래 했다 그치.

아들 아니야, 조금 더 해.

아빠 두 시간이나 했는데? 손가락 한번 봐 쭈글쭈글해졌지? 더 오래 하면 손가락이 초콜릿처럼 녹을지도 몰라.

아들 아니야, 안 녹아.

아빠 알았어. 그럼 아빠 먼저 머리 좀 감을게. 샴푸가 어디에 있지~

아들 나한테는 샴푸 하지 마.

 두 시간 목욕하고 물놀이를 더 하고 싶어 억지 부리는 모습과, 그에 더해 샴푸로 머리를 감겠다는 아빠의 말을 듣자마자 혹여나 자신의 머리를 감길세라 곧바로 나한테는 샴푸를 하지 말라는 단호함을 보이는 아이의 모습이 포개져 혼자서 한참을 웃었다. 뭐가 웃겨서 그렇게 혼자 웃느냐는 듯한 표정으로 아빠를 잠시 쳐다보던 아이는 물놀이가 아직 끝나지 않았음을 직감했는지 희미한 미소를 흘리며 포동한 볼을 옆으로 늘어뜨린 채 놀잇감에 다시 집중하기 시작한다.

거절은 힘든 일이다. 인간의 보편적 본성인지, 유교 사상이 뿌리 깊이 박혀있는 동양인의 특징인지 모르겠으나 적어도 대한민국에서 살아가는 한국인들로부터 꽤 자주 관찰되는 감정의 구조인 듯 보인다. 거절은 불편하다. 거절하는 사람도, 당하는 사람도 모두 불편하다. 하여 "좋은 게 좋은 것."이 유독 강조되는 집단주의, 가족주의, 구조주의의 화신이라도 자처하려는 듯한 한국사회의 기묘한 분위기는 늘 우리 주변을 휘감아 돌며, 거절의 "거" 자를 꺼내려는 한 사람을 이상한 사람 취급해버리기 일쑤다. 그렇게 우리는 생각을 잃고, 색을 잃고, 나를 잃어간다. 집단에서 다 같이 해야 하는 것에 참여하지 않는 사람을 사회성이 떨어지는 사람으로, 보편적인 취향을 따라가지 않는 사람에게는 독특하다거나 개성이 있다는 식의 칭찬을 가장하여 "저놈은 이상한 인간."이라는 자신의 본심을 에둘러 숨긴 채 공격한다.

무리에서 떨어지는 것은 짐승의 세계에서만 위협적인 일이 아니다. 그렇다면 인간 역시 짐승의 그것에서 한치도 진보하지 못하고 있는 셈이다. 두 손을 쓸 수 있게 되어 기능적인 섬세함을 갖추었기 때문에 짐승들이 하지 못하는 고기능의 사회, 문화, 예술적 활동을 할 수 있게 되었을 뿐이지 그 욕망의 근원을 거슬러 오르다 보면 결국 약육강식의 세계에서 한 발자

국도 진화하지 못한 셈이다. 거절을 두려워하는 이유 역시 이런 맥락에서 원인을 찾을 수 있다. 무리에서 떨어져 나갈까 걱정되는 마음, 타인으로부터 미움받을 것이 두려운 마음, 그로 인해 사회적 자본을 획득하는 데 어려움을 겪지는 않을까 하는 걱정. 이런 모든 것들이 결국 인간의 근원적인 두려움인 외로움과 고독을 빚어낼 것만 같은 공포다.

이런 모든 걱정을 무색하게 만들어버리는 아이의 한마디는 그래서 명쾌하고도 강렬하다. 나는 아직 샴푸로 머리를 감기 싫으니 나한테는 하지 말라는 단호한 아이의 한마디 말속에서 우리는 어떤 감정을 느끼고 어떤 생각을 떠올릴 수 있는가. 니체는 인간이란 존재는 낙타에서 사자로, 사자에서 아이 같은 존재로 나아가야 한다고 말했다. 그리고 그것이 바로 초인(위버멘시)에 이르는 길이라고 말했다. 거절을 두려워하는 사람은 어쩌면 아직 낙타 수준에 머무르는 중인지 모른다. 절제의 미덕, 책임감과 인내심을 바탕으로 맡은 바 임무를 다해내려는 사람. 이는 결코 미워할 수 없는 사람이다. 하지만 그런 사람을 두고 우리는 자유롭다고 말하지 않는다. 거절을 두려워하지 않고, 타인의 시선을 신경 쓰지 않고, 홀로 되는 것이 두려워 가짜 소속감을 찾아다니며 자신을 속이지 않고, '하지 마! 싫어! 나는 이게 좋아!'라고 당당하게 외칠 수 있는 아이야말로 진정한 자유인이라 할 수 있다. 늘 아이로부터 배운다. 아이야, 언제나 너의 말이 옳다.

내가 살고 있는 나라니까

아들 아빠 나랑 같이 국기 찾기 보드게임 하자.

아빠 그래! 아들이 가서 가져올래?

아들 그래 좋아!

아빠 같은 나라 카드를 두 개 먼저 찾으면 가져가는 거야!

아들 응! 나는 대한민국을 먼저 찾을 거야.

아빠 왜 맨날 대한민국을 제일 먼저 찾아?

아들 내가 좋아하는 나라니까.

아빠 대한민국이 왜 좋은데?

아들 내가 살고 있는 나라니까.

요즘 네 살 아들과 놀아주는데 보드게임이 톡톡한 효자 노릇을 한다. 얼음 깨기나 메모리 게임, 할리갈리 컵스 같은 단순한 규칙의 보드게임 몇 종을 번갈아 가며 아이와 함께 놀다 보면 웃고 떠드는 것은 물론이거니와 아이의 기억력이나 순발력이 점차 발달해가는 것을 실시간으로 목격할 수 있다. 정말이지 놀면서 공부한다는 말을 몸소 체험하는 행운을 누릴 수 있다.

메모리 게임의 일종으로 여러 나라의 국기를 보이지 않게 거꾸로 뒤집어 둔 뒤, 순서를 정해 번갈아 가며 자신의 차례에 두 장씩 뒤집어 같은 국가가 두 개 나오면 해당 카드를 획득해 점수를 계산하는 보드게임이 있다. 아직 이런 규칙을 지켜가며 게임을 할 수준에 도달하지 못해서 나라별 국기 모양이나 익숙해지면 좋겠다는 생각에 내 마음대로 규칙을 바꿔 모든 국가의 국기가 보이게 둔 뒤 같은 국기를 두 개 먼저 찾으면 가져가는 식으로 게임을 진행해 봤다. 눈앞에 다른 나라의 국기 두 개가 모여 있음에도 불구하고 매번 대한민국 국기를 가장 먼저 가져가려고 찾는 모습이 희한하여 어느 날 문득 왜 대한민국 국기를 제일 먼저 찾느냐고 물었다. 아이는 무심하게 카드에 시선을 둔 채 그저 내가 좋아하는 나라이기 때문이라며 당연한 듯 대답했다. 거기서 끝났으면 좋았으련만 왜 좋아하는 나라인지 물어보는 아빠의 두 번째 질문이 답답했던지 두 번째 질문에 답을 할 때는 아빠의 두 눈을 똑바로 바라보며 말을 하는 모양새가 아기의 그것이 아니라는 느낌을 받을 만큼 묘한 기운을 풍기는 듯했다.

"내가 살고 있는 나라니까." (두 눈을 부릅뜨며)

뭐 그런 당연한 것을 묻느냐는 듯한 말투와 표정으로 우문에 현답을 내놓는 아들을 바라보며 내 것이 최고라는 말을 다시 한번 생각해 본다. 우리는 늘 남의 것을 부러워하고 갖지 못한 것을 탐하며 자신을 고통의 바다로 밀어 넣는다. 타인의 능력을, 타인의 성취를, 타인의 재력을, 타인의 시간을, 타인의 취향을, 타인의 인맥을, 타인이 선천적으로 타고난 좋아 보이는 것들과 후천적으로 일궈낸 가치로워 보이는 모든 것들, 나에겐 없지만 타인은 가진 듯해 보이는 것들을, 그리고 그곳은 곧 지옥이 된다.

"이곳에 들어오는 자 희망을 버려라."

단테는 신곡에서 지옥의 초입에 이런 문구가 걸려있다며 지옥이란 그런 곳이라고 정의한다. 희망을 찾을 수 없는 곳. 비교와 질투는 욕망의 원천이 되어 얼마간 강렬한 삶의 동력이 되기도 하지만 그 끝은 언제나 허무와 좌절을 가리키고 있다. 가진 것에서 행복을 찾지 못하고 갖지 못한 것으로 시선을 돌리는 습관은 그래서 지옥으로 가는 지름길인 셈이다. 지구에는 약 70억 명의 사람이 살고 있고 그렇다면 최소한 70억 개의 내가 갖지 못한 좋아 보이는 것들이 있는 셈이다. 그중 피나는 노력 끝에, 혹은 행운의 도움을 받아 좋아 보이는 것들을 서너 개 손에 넣게 된다고 한들, 가진 것의 소중함을 알아볼 수 있는 눈이 없다면 여전히 지옥의 불구덩이 안에서 허우적댈 수밖에 없는 셈이다.

아들은 아들이라서 좋고 딸은 딸이라서 좋다. 엄마는 엄마라서 좋고 아빠는 아빠라서 좋다. 훌륭하고 멋지고 존경할만하고 사랑스러운 사람이어서 좋은 것이 아니라 그저 나의 자식이고 나의 부모라서 좋다. 모자라고 비루하고 장애가 있고 아픈 곳이 있고 쓸모가 없더라도 좋다. 그저 나의 가족이기에 그렇다. 다른 모든 것들에도 같은 마음을 적용할 수 있다면 우리는 가진 것에서 충만한 행복을 누리며 고통의 바다로부터 헤어 나올 수 있다. 다른 이유는 모두 부차적이다. 내가 가진 것을 소중히 여기고 사랑해야 하는 이유는, 그저 그것이 나의 것이며 나의 일부이기 때문이다. 그제야 우리는 외부로 향했던 시선을 거두고 나와 내 옆 사람들에게 충실한 눈길을 보낼 수 있다. 누군가는 지옥 속에서 평생 천국을 그리며 살아가고 누군가는 늘 천국에서 살고 있다. 지옥과 천국은 멀고도 가깝다.

그냥 재미없었어

아빠 아들 오늘 어린이집 재미있었어?

아들 재미없었어.

아빠 왜? 무슨 안 좋은 일 있었어?

아들 아니, 그냥 재미없었어.

과학적 세계관이 현시대의 강력한 패러다임 중 하나로 자리 잡았기 때문일까. 우리는 늘 모든 것들을 인과적으로 설명하려는 경향이 있다. 모든 결과에는 원인이 있고 모든 원인의 끝에는 어떠한 결과가 따라온다는 생각. 정말 그런가?

"너는 내가 왜 좋아?"

사랑에 빠져봤다면 한 번쯤은 반드시 들어봤거나 혹은 던져보고 싶은 질문, 당신은 나를 왜 좋아하느냐는 연인의 물음에 우리는 두 가지 형태의 답변을 준비할 수 있다. 첫 번째 답변은 좋아하는 이유를 하나하나 설명하는 것이다. 눈이 예뻐서, 마음이 넓어서, 부자라서, 자상해서, 유쾌해서, 잘 통해서. 심지어 장범준은 자신의 노래 〈이상형〉에서 새끼발톱이 설레게 하고 오장육부가 가슴을 뛰게 하며 달팽이관이 섹시하다고까지 말한다. 이처럼 사랑에 빠진 사람은 연인이 사랑스러운 이유를 오천육백 가지 정도는 댈 수 있을 만큼의 창의성과 관찰력을 발휘해 낼 수 있다. 이는 인과론으로 설명할 수도 있지만, 결과론으로 설명할 수도 있다. 정말 저런 이유로(인과론) 사랑에 빠졌을 수도 있지만, 사랑하기 때문에(결과론) 저런 이유를 찾아낼 수 있기도 하다. 인과론이든 결과론이든 어찌 되었건 반드시 이유를 찾아내서 제공하고야 마는 이러한 방식의 답변은 누군가에게는 로맨틱함의 극치로 다가올 수도 있을 테지만 다른 어떤 사람에게는 사기꾼의 헛소리처럼 들리기도 한다.

두 번째 답변은 우리 사이에 무슨 설명이 필요한가, 그저 느낌 가는 대로, feel 충만 한대로, 그냥 너라서 좋다는 식의 대답이다. 이는 앞서 첫 번째 방식의 답변을 로맨틱하다고 생각하는 사람들에게는 무성의와 불성실함의 표본으로 여겨질 만한 대답일 테지만 혓바닥이 긴 걸 좋아하지 않는 사람들에게는 그야말로 "말하지~ 않아도~ 알~아요."같은 느낌을 주고받는, 소울 메이트를 만나 영혼의 교류를 경험하는 것 같은 답변으로 회자되기도 한다.

과학만능주의로부터 비롯된 인과론적 패러다임에 우리의 사고방식이

종속되었기 때문인지 우리는 늘 원인을 찾고자 혈안이 되어있다. 왜 이런 일이 생겼는지, 왜 나에게만 그런 일이 닥치는 것 같은지, 왜 나는 그런 식으로밖에 살아가지 못하는지, 왜 타인은 이해할 수 없는 존재인지, 왜 나는, 왜 너는, 왜 세상은, 도대체 왜 그렇게 되어있는 것인지. 그 왜라는 질문에 답을 찾느라 우리는 많은 시간을 휘발시켜버리곤 한다. 왜냐는 질문은 중요하다. 인류의 발전을 이끌어온 동력이기 때문에 그렇다. 왜냐는 질문은 본능적이다. 미지의 것을 탐구하고자 하는 것이 인간의 근원적 욕망이기 때문이다. 이처럼 중요하고도 본능적이기 때문에 우리는 살아가며 왜냐는 질문을 회피하기 어렵다. 현실을 따르는 삶과 이상을 추구하는 삶, 양측의 삶에서 동시에 왜냐는 질문은 근본적인 위치를 차지하고 있다. 현실적인 문제들은 모두 왜라는 질문을 해결해 나감으로써 소거시킬 수 있는 삶의 덫이기 때문이며 이상을 추구하는 삶 역시 왜냐는 질문에 스스로 끊임없이 답을 해 나가는 과정 안에서 자신의 가치관을 수정, 정립할 수 있기 때문이다.

하지만 우리가 언제나 왜냐는 질문에 답을 찾을 수 있는 것은 아니다. 오히려 답을 찾을 수 없을 때가 더 많다. 아무리 궁리하고 고민해 봐야 답이 안 나오는 일로 가득 찬 것이 삶이다. 장고 끝에 악수 둔다는 말처럼 오랜 시간의 고민이 꼭 좋은 결과를 가져다주지도 않는다. 하여 때로는 구구절절하게 원인을 설명하거나 찾으려 하지 않는 태도를 의도적으로 장착하려는 자세가 필요하기도 하다. 그냥 좋은 것이 있으면 그냥 싫은 것도 있다는 것을 인정하고 받아들일 수 있는 폭넓은 인식과 아량을 갖춘 사람이 되기를, 원인을 알 수 없는 고통 때문에 괴로워하는 시간 속에 세월을 낭비하지 말기를, 모든 일에서 원인을 찾으려 하는 어리석음을 범하지 말기를. 모든 것을 알 수도 없는 일이거니와 혹여 알 수 있다고 하여도 바꿀 수 있는 것이 생각보다 적다는 것을 깨닫는 데 오랜 시간이 걸렸다. 단순한 것이 삶의 진리에 가깝다는 사실에 근거하여 그냥이라는 말속에 많은 뜻을 담을 수 있는 사람이 될 수 있기를 바란다. 그런 사람은 꽤 멋진 사람이 분명할 테니.

나 집중하고 있어

아들 아빠, 내가 이기고 싶어.

아빠 이기려면 집중해 집중.

아들 나 지금 집중하고 있어.

인지 능력이 아직 미숙한 어린아이들이 할 수 있는 게임은 제한적이다. 게임이라는 것이 원래 정해진 규칙 안에서 다양한 변칙을 구사하고 빈틈을 공략해야 이길 수 있는 놀이이기 때문에 기본적으로 게임에서 이기기 위해서는 규칙에 대한 완벽한 이해가 필요하다. 이해가 되지 않은 상태에서는 아무래도 집중력을 발휘하기 힘들다. 판이 어떻게 돌아가고 있는지, 이기기 위해서 무엇을 해야 하는지 알지 못하는 상태이기 때문에 그렇다. 하지만 인지 능력이 아직 발달하지 않은 어린아이들도 즐겁게 즐길 수 있는 보드게임들이 있다. 규칙이 복잡하지 않고 단순하면서 머리보다 신체를 이용하는 게임들이 그렇다. 예를 들면 얼음 깨기나 폭탄 돌리기 같은 종류의 게임이 그렇다.

루핑 루이라는 보드게임이 있다. 전원을 켜면 빙글빙글 돌아가는 비행기가 나의 베이스에 있는 동전을 쳐서 아래로 떨어뜨리는 게임이다. 규칙은 간단하다. 나의 베이스로 비행기가 다가올 때쯤 버튼을 눌러 내 동전을 건드리지 않게 공중으로 비행기를 띄우는 것이다. 그렇게 나의 동전은 지키고 상대방의 동전이 먼저 떨어지면 게임은 종료된다.

"나 지금 집중하고 있어!"라고 말하며 이글거리는 눈빛으로 자신의 본부를 지키기 위해 버튼 위에 검지를 올려둔 채 빙글빙글 도는 비행기를 응시하는 아이의 모습을 보라. 그 순간의 진지함만큼은 전투를 앞둔 여느 장수 못지않아 보이기까지 한다. 그 진지함과 대비되는 조그맣고 반들반들한 손가락 때문인지 피식 새어 나오는 웃음을 숨길 수는 없었지만, 본인 스스로 집중하고 있다고 당차게 말하는 모습에 서둘러 웃음을 멈추고자 애를 쓸 수밖에 없다. 장난을 치며 배시시 웃음 짓는 아이의 모습도 예쁘고 사랑스럽지만, 이토록 진지하게 스스로 집중하고 있다고 당당히 외치는 아이의 모습은 왠지 모를 경외감마저 들게 한다. 네 살의 어린아이에게 집중력이라는 것은 유튜브를 볼 때만 발휘되는 것인 줄로 알았다. 하지만 그의 세계 안에도 어느덧 승리에 대한 욕구가 자리 잡고 있음을, 그리고 그에 도달하기 위해 집중력을 발휘하고 있는 것을 바라보며 기특한 마음이 든다.

우리는 집중하지 못한 채 흐릿한 삶을 살아간다. 여기저기 기웃대느라, 내 것이 아닌 것을 바라보며 입맛을 다시느라, 무엇이 내 것인지 알지 못해서, 욕망과 무지와 불만족으로 인해 우리는 늘 집중력이 흐트러지고 만다. 한순간이라도 오롯한 집중을 발휘할 수 있는 무언가를 찾아낸 삶이라면, 그것을 꾸준히 밀고 나갈 수 있는 의지와 역량과 환경이 갖추어진 삶이라면, 그것은 가히 나쁘지 않은 삶이다.

엄마 나 좀 도와줄래?

아들 엄마 나 메모리 게임 할 건데 좀 도와줄래?

엄마 그래, 뭘 도와주면 될까?

아들 카드를 뒤집어야 되는데, 좀 도와줄래?

좋아하는 보드게임을 하기 위해서는 준비 과정이 필요하나. 혼자서 많은 카드를 뒤집어 놓기 귀찮았는지 아들은 엄마에게 천진한 표정으로 도움을 요청한다. 생각해 보니 타인에게 도와달라는 말을 건넨 적이 언제였는지 잘 기억나지 않는다. 우리는 왜 도움이 필요하면서도 도와달라는 말을 쉽게 꺼내지 못하는 것일까. 도움이 필요치 않아서, 혼자서 뭐든 척척 해낼 수 있어서 도움을 요청하지 않는 것일까? 그보다는 아마 그 정도도 혼자서 해결하지 못하는 사람이라는 타인의 평가에 대한 두려움, 혹은 다른 사람의 도움 없이 스스로 해결해내야만 한다는 강박적 책임감 때문에, 또는 약한 모습이 혹여 나중에 발목을 잡는 약점이 될까 싶은 불안감에 휩싸여 도와달라는 말을 선뜻 꺼내기 어려웠던 것은 아니었을까. 이런저런 이유로 나이를 먹을수록 도와달라는 말을 입에 담기가 무서워진다. 그래서인지 도와달라는 말을 쉽게 할 수 있는 것은 나이가 어릴 때나 가능한 일인가 싶은 생각마저 든다.

그렇다면 아이는 단순히 나이가 어려서 도와달라는 말을 쉽게 꺼낼 수 있었던 것일까. 아니다. 아이 역시 행인이나 슈퍼마켓 아저씨에게는 도와달라는 말을 선뜻 건네기 어려워한다. 어린아이라고 할지라도 도와달라는 말을 쉽게 꺼낼 수 있는 사람은 양육자 혹은 교육기관의 교사 정도에 국한된다. 그렇다면 아이가 그들에게 도와달라고 거리낌 없이 말할 수 있는 이유는 무엇일까. 그것은 바로 믿음 때문이다. 저 사람은 무조건 나를 도와줄 것이라는 믿음, 내가 몇 번 도와달라고 해봤는데 그때마다 웃는 얼굴로 기꺼이 내 문제를 해결해 주려고 낑낑거리면서 결국 내 어려움을 해결해 줬던 기억. 그런 경험이 쌓이면서 도움이 필요할 때 가장 먼저 내 손을 잡아줄 것 같은 사람으로 아이들의 머릿속에 각인되었기 때문이다.

우리에게 그런 조건 없는 선행을 기대할 만한 사람이 있는가. 자신의 수고로움을 감수하면서, 어쩌면 자신이 피해 볼지도 모를 위험을 감내하면서까지 나를 위해 발 벗고 나서 줄 사람, 사실 성인이라면 애초에 그 정도는 바라지도 않는다. 그저 뒤에서 욕이나 안 하고 이상하게 말을 만들어서 어디에 전하지나 않으면서 나의 일을 조금이라도 거들어줄 수 있는 사람. 그 정도면 충분한데도 우리는 왜 쉽게 도와달라는 말을 하지 못하고 혼자서 끙끙대며 시간과 에너지를 비효율적으로 사용하고 있는가.

두렵기 때문이다. 분명 세상에는 선한 사람이 악한 사람보다 많다는 것을 알고 있지만, 내 눈앞에 있는 사람이 정말 선한 사람인지, 선한 척하는 사람인지, 누군가에겐 선하다고 인식되는 사람이지만 나에게도 과연 선한 사람일 것인지, 판단할 수 없기 때문이다. 살면서 맞아온 몇 번의 뒤통수는 그렇게 조용히 불신의 씨앗을 심어 사람을 쉽사리 믿지 못하게 만든다. 혼자 잘나서 살 수 있는 사람은 없을 텐데 우리는 모두 혼자 모든 것을 해결하며 살 수 있는 것처럼 생각하고 행동한다. 그렇게 행동하는 타인과 나를 바라보며 외로울 텐데, 분명히 외로워질 텐데… 하며 생각하다가도 한편으로는 분명 그간 데어온 삶의 상흔이 있어서 그런 것일 거라는 생각이 들어 뭐라 할 말이 딱히 떠오르지 않게 된다.

사는 것이 다 그런 것인가. 이러지도 저러지도 못하게 만드는 것들 사이에 낀 채 어떻게 좀 제대로 살아보겠다고 이쪽으로 조금, 저쪽으로 조금씩 움직여 보며 때로는 잘했다고, 때로는 잘못했다고, 자신을 칭찬하고 자책하길 반복하며 소진되어 가는 것. 그 과정의 어디 즈음에 도달할 때 우리는 무뎌지거나 여유를 갖추게 되는 것일까. 무뎌짐이 여유처럼 보이고, 여유가 소진처럼 보이는 것을 미리 두려워할 필요는 없다. 그때쯤이면 조금 더 선명한 길을 볼 수 있게 되리라는 무구한 믿음, 다소 막연한 기대가 생겨날 것이다. 구체적인 기대를 할 수 없을 때는 막연한 기대라도 해보는 것이 삶에 도움이 되는 길일 테니까.

그냥 원래 그런 거야

아들 아빠, 내일 어린이집 가?

아빠 어린이집 가야지~

아들 어린이집 가기 싫어.

아빠 왜? 어린이집 가면 무슨 힘든 일 있어?

아들 아니.

아빠 그럼 왜 가기 싫어? 가기 싫은 이유가 뭐야?

아들 (잠시 생각하더니) 그냥 원래 그런 거야.

 어린이집에 다니던 일 년 동안 어린이집에 가기 싫다는 말을 한 번도 한 적 없던 아이의 입에서 갑작스레 가기 싫다는 말이 나오자 걱정스러운 마음이 앞섰다. 친구들과 무슨 일이 있었던 것은 아닌지, 본인이 견뎌내기 힘든 어떤 사건과 마주하고 있는 것은 아닌지. 한 번 싫다는 말을 뱉고 나면 기어코 그것을 지켜내는 것이 일종의 사명이라도 되는 것처럼 고집을 부리는 아이의 모습을 알기에 어린이집이 싫다며 어린이집에 가고 싶지 않다는 아이의 말을 허투루 들을 수 없었다. 그래서 아이의 속마음을 알아보기 위해 장단점 놀이를 하자며 어린이집에 갔을 때와 가지 않았을 때 벌어지는 좋은 점과 안 좋은 점에 관해 이야기를 나눴다.

아빠 어린이집에서 친구들이랑 선생님들이 아들을 기다리고 있을 텐데? 맛있는 밥도 먹고 좋아하는 축구랑 수영도 배우고 재미있지 않아?

아들 응, 좋아.

아빠 모든 일에는 좋은 점도 있고 안 좋은 점도 있어. 어린이집에 갔을 때 좋은 일과 안 좋은 일은 뭐가 있을까? 먼저 좋은 일은 뭐야?

아들 친구들이랑 재미있게 놀고 선생님도 볼 수 있어.

아빠 그렇구나, 그럼 어린이집에 갔을 때 안 좋은 일은 뭐야?

아들 엄마 아빠랑 같이 놀 수가 없어.

아빠 그럼 어린이집에 안 갔을 때를 생각해 볼까? 어린이집에 안 갔을 때 좋은 점은 뭐야?

아들 (씩 웃으며) 엄마 아빠랑 신나게 놀 수 있어.

아빠 그렇구나, 아빠도 아들이랑 노는 게 세상에서 제일 좋아. 그럼 마지막으로 어린이집에 안 갔을 때 안 좋은 점은 뭐가 있을까?

아들 (잠시 허공을 바라보며 생각하더니) 없. 어.

아빠 응…? (웃음이 터져 나온다.)

어린이집에 가기 싫은 이유가 뭐냐는 질문에 "원래 그런 것."이라는 대답과 어린이집에 가지 않았을 때 생기는 안 좋은 일은 "없다."라고 말하는 두 대답 사이에서 그만 웃음을 터뜨리고 만다. 생각해 보면 내일모레 마흔인 나도 같은 질문 앞에서 똑같은 대답을 할 것 같다는 생각에 나도 모르게 아이 앞에서 동의의 끄덕임을 노출하고 말았다. 그래 출근하는 것은 싫지, 그것은 그냥 원래 그런 것이지, 출근을 안 했을 때 생기는 안 좋은 일 역시 이렇다 할 만큼 특별할 것은 없지. 그렇게 생각하니 아이의 마음이 이해된다. 물론 가기 싫다고 할 때마다 아이의 뜻에 따라 "그래, 가기 싫으면 가지 말라."라고 말할 수는 없는 노릇이지만 아이의 말 하나하나를 과도하게 긴장하며 받아들일 필요는 없다는 것을 새삼 깨닫는다. 물론 가기 싶다는 아이의 마음을 설득하는 것은 또 다른 문제이긴 하지만 그것은 어찌 되었건 부모가 할 일이며 어떻게든 해낼 수 있는 일이리라.

  특별한 이유가 있었던 것이 아니어서 다행이다. 아이의 말대로 의무감에 수행해야 하는 일은 그것이 무엇이 되었건 그냥 원래 하기 싫은 법이니까. 아이가 벌써 이렇게 커서 일상을 나누고 자기 생각을 표현할 수 있게 되었다는 사실이 놀랍고 기쁘다. 앞으로 얼마나 많은 사건과 생각을 나눌 수 있을지 생각하니 기대를 품지 않을 수 없다. 나의 시간과 너의 마음이 허락할 때까지 그냥 그럴 수밖에 없는 것들에 대해서, 때로는 분명한 이유가 있는 것들에 관해서 이야기 나누며 너와 나의 삶을 차근히 포개어가고 싶다.

그건 그냥 티브이 안에만 있는 거야

아들 〈레인보우 프렌즈〉 보여줘 아빠.

아빠 그건 무슨 만화야?

아들 색깔 괴물들이 쫓아와서 도망가야 되는 만화야.

아빠 으~ 조금 무서운데? 아빠는 무서운 건 싫어 다른 거 하고 놀자.

아들 걱정 마. 그건 티브이 안에만 있는 거야.

집에서 아이의 유튜브 시청을 제한하는 편이다. 잠들기 전 하기 싫은 양치질을 하거나 병원에 입원해서 수액을 맞아야 하는 때만 허락하는 정도다. 〈슈퍼 마리오〉와 〈포켓몬스터〉에 빠져서 한창 실랑이 중이기는 하지만 시청하는 영상 또한 가능하면 교육적이거나 학습적인 것으로 유도하는 편이다. 그런데 어느 날 레인보우 프렌즈라는 생소한 캐릭터(?)가 나오는 영상을 보여달라는 아이의 요구에 그것이 어떤 영상인지 먼저 찾아보았는데 5세 유아가 보기에는 다소 자극적인 장면이 많아 보였다. 다행히 아이에게 우리 부부의 우회 전술이 통해 다른 쪽으로 시선을 돌리는 데 성공하고는 있으나 자극적인 것은 언제나 강렬하게 머릿속에 남는 법이라, 언제든 그것을 보고 싶은 마음에 부모가 없는 어딘가에서 영상을 시청하려 시도할 가능성이 있어 보였다. 다행이라면 그것이 현실이 아닌 가상의 세계에만 존재한다는 것을 아이가 인식하고 있다는 점이다.

인간은 때때로 특정한 경험을 통해 가상과 현실을 구분하지 못하게 될 때가 있다. 가상의 세계에 오래 노출되다 보면 어느 것이 현실인지 헷갈리게 된다. 심지어 어느 시점에서는 가상의 세계를 진실이라고 믿으며 현실의 세계가 거짓된 것이라고 믿기도 한다. 그래서 현실과 허구를 구분 지을 줄 아는 눈을 지니는 것은 불필요한 일에 에너지 소모를 하지 않도록 돕는다.

SNS가 현실이 아니라는 것을 모르는 사람은 없다. 허구와 과장, 왜곡과 보정으로 점철된 소설적 세계를 들여다보며 우리는 일상의 많은 시간을 허비할 뿐 아니라 불필요한 감정을 생산하고 소비한다. 재미를 위해, 혹은 어떤 자본적 이득을 위해 그것을 활용할 수는 있겠으나 그것을 현실이라고 믿으며 불필요한 부정적 감정에 휩싸이는 어리석음을 범할 필요는 없다. 아이의 말처럼 그것은 그냥 휴대폰 안에만 있는 세상일 뿐이니까. 너무 오래 가상의 세계에 머무르는 일은 위험하다. 아무리 기술이 발전하여 현실을 대체할 수 있는 여러 방편이 구현된다 한들, 인간은 본디 실존하는 존재다. 두 발을 땅에 디디고 하늘을 올려다볼 때만 인간은 인간으로서 존엄을 유지할 수 있다. 쇼는 잠시 현실을 망각하게 만들어 쉼을 제공하는 용도로 활용해야 한다. 지나친 쇼의 관람은 호환 마마보다 무서운 결과를 초래할 수 있다.

나는 그 정도로 훌륭한 사람이 아니야

아빠 다 읽었으면 제자리에 책을 꽂아놔야지.

아들 싫어.

아빠 그건 좋은 행동이 아니야.

아들 유치원에서는 제자리에 꽂아놔.

아빠 유치원에서는 정리하는데 집에서는 왜 안 해?

아들 (정적)

아빠 유치원에서 정리하는 것처럼 집에서도 정리하면 진짜 멋진 사람이야.

아들 나는 그 정도로 훌륭한 사람이 아니야.

아빠 …?

소크라테스는 너 자신을 알라고 했다. 이 조그만 다섯 살 아이가 벌써 성인의 위대한 가르침을 깨달았을 리 없다. 그렇다. 이 녀석은 지금 뒷정리가 하기 싫어 잔꾀를 부리는 중이다. 아이는 이미 혼자서 신발을 신을 줄 알면서도 집에서 외출을 준비할 때면 부모에게 신발을 신겨달라고 한다. 때로는 떼를 쓰기도 하고 때로는 씨익 웃으며 어디 아쉬운 사람이 한번 신겨보라는 듯 짓궂은 미소로 여유를 부리기도 한다. 시간에 쫓겨 아이와 실랑이를 벌이다가 아이에게 쓰디쓴 패배를 할 때도 많다.

어느 날 아이가 아파 병원에 데리고 갈 일이 생겨 유치원에 아이를 데리러 갔다. 자신을 데리러 온 아빠가 반가웠던지 최선을 다한 달음박질로 품에 안기는 아이의 사랑스러움에 황홀해진 마음이 헛웃음을 동반한 기막힘으로 뒤바뀌는 데는 찰나의 시간이면 충분했다. 유치원 출입구에 서서 선생님과 친구들에게 인사를 하고 자기 신발장에서 신발을 꺼낸 뒤 실내화를 가지런히 넣고 신발을 혼자 척척 신는 것이 아닌가. 그 모습이 귀여우면서도 황당해 절로 터져 나오는 헛웃음과 함께 아이를 가만히 바라보았다. 그런데 생각해 보니 집에서도 아이가 혼자서 신발을 아주 안 신었던 것은 아니다. 처음 신발을 혼자 신을 수 있게 되었을 때, 아이는 신발 신는 것을 도와준대도 혼자서 낑낑거리며 자기 혼자 할 수 있다고 한사코 도움을 거절했었다. 아마도 그것은 스스로 해내고 싶다는 성취욕에 대한 갈망과 부모에게 칭찬받고 싶다는 인정의 갈망이 뒤섞여 나온 행동이었음이 분명하다. 하지만 이제 능숙하게 혼자서 신발을 신게 되었으니 성취에 대한 갈망은 사라졌을 테고 이미 신발 혼자 신는 것으로는 부모에게 충분히 인정받았으니 굳이 같은 내용으로 인정을 갈망하지 않아도 될 만큼 욕구가 충족되었을 것이다.

유치원은 아이에게 새로운 환경이다. 그곳에서 마주하는 새로운 사람들로부터 아이는 인정받고 싶었을지도 모르겠다. 그렇게 자신이 잘하는 것을 하나씩 선보이며 때로는 뽐내기도 하고 때로는 주눅 들기도 하며 인정과 좌절의 감정을 맛보며 성장하고 있었을 테다. 그렇게 생각하니 집에서 신발 신는 것 정도로 더 이상 인정을 갈구하지 않게 되었다는 것이 다행이라는 생각이 든다. 굳이 뽐내지 않아도 안정적인 상태를 유지할 수 있게 되었다는 것. 그것은 건강한 관계가 형성되었다는 의미일 테니까. 그리고 그다음 단계의 스스로 만족할만한 성취에 몰두할 수 있게 되었다는 뜻일 테니까.

인정받고 싶은 사람에게 인정받지 못할 때 우리는 끊임없이 그 사람에게 나를 좀 봐달라며 애걸하게 된다. 어린 시절 나를 방임했던, 이제는 노인이 된 부모를 뒤치다꺼리하는 모습, 마음이 떠난 연인의 쌀쌀맞은 태도를 돌리기 위해 노력하는 모습, 승진의 목줄을 쥐고 있는 상사에게 내가 이만큼 유능하고 열심히 일하고 있다며 어필하는 부하직원의 모습, 이는 우리 주변에서 쉽게 찾아볼 수 있는 왜곡된 인정의 관계성이다.

특정 인물과 충분한 인정을 주고받게 되면 어느 시점에 이르러 인정을 갈구하지 않게 된다. 그저 평안한 부동심의 상태에 들어서게 되는 것이다.

그 시점이 바로 진정한 인간 대 인간의 관계, 즉 대등한 관계 맺음의 상태로 진입하는 초입이다. 그런 관계 안에서야 비로소 인간은 진정으로 나눔을 실천할 수 있게 된다. 대가를 바라지 않고, 준 것을 기억하지 않고, 경중을 따지지 않고, 베풂을 베풂으로조차 생각하지 않는다. 그것은 그저 자연스러운 것, 서로가 대등한 인간이 되었기 때문이다. 아이의 꾀부림이 귀엽게 느껴졌다면 이제는 다음 인정의 욕구를 살펴줄 시간이 되었다는 것을 알아차려야 한다. 신발을 스스로 신고, 혼자 목욕을 하고, 홀로 버스를 타며 아이는 조금씩 부모의 조력을 발판 삼아 자신의 세상으로 나아가고 있다. 언젠가 부모와 대등한 한 인간으로 우뚝 마주할 날을 기대하며 아이의 무엇을 또 인정해 줄지 끊임없이 살피는 것이 부모가 해야 할 일이다.

엄마를 보면 엄마 생각을 안 해

엄마: 아들은 유치원에서 엄마 생각 얼마나 해?

아들: 많이.

엄마: 언제 엄마 생각을 해?

아들: 밥 먹을 때도 엄마 생각을 하고, 소풍 가면서도 엄마 생각을 하고, 놀 때도 엄마 생각을 해.

엄마: 그렇구나, 엄마도 하루종일 우리 아들 생각해.

아들: 그런데 집에 올 때 버스에서 내리면서 엄마를 보면 엄마 생각을 안 해.

유치원 생활이 어떤지 궁금한 마음에 저녁에 식구들이 모두 집에 모이면 아이에게 질문을 던진다. 유치원에서 점심밥은 무엇을 먹었는지, 간식은 어땠는지, 오늘은 어떤 재미있는 일이 있었는지, 속상한 일은 없었는지, 벌써 사춘기가 온 것도 아닌데 아들은 아들인 모양이다. 물어보는 말에 대꾸하지 않을 때가 열에 아홉이다. 그러다가 아주 가끔 물어보지도 않은 말까지 재잘거리며 폭풍 수다를 떨 때가 있다. 게다가 그런 날은 무슨 바람이 불었는지 부모 마음을 들었다 놓았다 할 만큼 예쁜 말을 마구 쏟아낸다. 엄마가 하루 종일 보고 싶었다며 엄마에게 눈웃음을 치며 안기는 아들의 모습은 그야말로 천사의 현현이라 해도 무리가 없을 만큼 아름답고 숭고하다. 세상 모든 기쁨과 환희를 응축한 듯한 감정을 느끼게 하고 그 웃음 앞에 세상 모든 근심과 고민은 잠시일망정 발붙일 틈 없이 쫓겨난다.

아이의 하원 버스 시간에 맞추기 위해 부부는 퇴근을 서두른다. 다행스럽게도 부부의 퇴근 시간과 아이의 하원 시간이 얼추 맞아떨어져 부부 중 한 사람은 하원 버스에서 내리는 아이를 맞이할 수 있다. 아이는 늘 같은 방향에 앉는다. 유치원 하원 버스가 우리 집 도로 건너 맞은편에 나타날 때 아이는 창문 너머로 엄마나 아빠가 자신을 기다리고 있는 모습을 바라본다. 천진하게 웃으며 손을 흔드는 아이를 바라보며 오늘도 별일 없이 하루가 끝났음을 실감한다. 아이도 마찬가지였으리라. 일과를 마치고 집으로 돌아오는 버스 안에서 자신의 집 앞에서 가장 안전하고 편안한 자기편이 자신을 기다리고 있다는 것을 확인하는 순간 반가운 마음과 함께 긴장은 느슨해졌으리라. 간혹 우리 부부 둘이 함께 서 있거나 할머니 할아버지까지 함께 나와 있는 날이면 아이의 얼굴엔 함박웃음이 피어오른다.

갖고 싶거나 도달하고 싶은 무언가에 손이 가닿기 전까지 우리는 끊임없이 그것을 생각한다. 며칠이 걸리기도 몇십 년이 걸리기도 하는 그 지향점에 도달하게 되는 순간 그간의 갈망은 순식간에 자취를 감춘다. 갈망의 자리를 기쁨이 대체하게 된다면 그 갈망은 적절하고 올바른 갈망이었을 테지만 갈망의 자리에 허무와 공허가 들어서게 된다면 그 갈망은 애초에 잘못된 욕망이었음이 틀림없다. 종일 엄마가 보고 싶었지만, 엄마를 보자마자 엄마 생각을 하지 않게 되었다며 웃음 짓는 아이의 갈망은 참된 갈망이 분명하다. 이는 건강한 갈증이다. 엄마와 마주함과 동시에 갈망은 해갈되고 그 자리에 순수한 기쁨이 들어차기 때문이다. 타는듯한 목마름을 해소할 수 있는 것은 달콤하고 톡 쏘는 탄산음료가 아니라 맑고 깨끗한 물 한잔이다. 우리는 그런 것을 갈망해야 한다. 아무리 집어삼켜도 끊임없이 새로운 갈증을 불러일으키는 것들로는 결코 해갈의 기쁨을 누릴 수 없다.

초콜릿 싫어하는데 이건 맛있다

(엄마) 크리스마스니까 우리 초콜릿 쿠키 만들어볼까?

(아들) 나 초콜릿 싫어하는데.

(엄마) 그럼 안 먹어도 되니까 한번 만들어보기만 할까?

(아들) 좋아.

(얼마간 시간이 지난 후)

(아들) 초콜릿 쿠키 만드는 거 재밌다.

(엄마) 그렇지? 만들어보니까 재밌지?

(아들) 응. 나 원래 초콜릿 싫어하는데 이건 맛있다.

자기가 만든 음식은 왜 맛있게 느껴지는 걸까. 고된 노동에 대한 합리화였을까. 재료를 손질하는 과정에서 오감이 활성화되었기 때문일까. 내 것이 최고라고 느끼는 보유 효과 때문일까. 심리적인 이유 때문인지 물리적인 화학반응이 실제로 일어났기 때문인지 모르겠지만 어쨌든 우리는 보통 자기가 만든 요리에 꽤 너그러운 아량을 베푼다.

아이는 초콜릿을 싫어했다. 간이 되지 않은 음식만 먹어 버릇해서인지 달고 짜거나 자극적인 맛의 음식을 입에 넣으면 그 강한 자극에 음식을 거부하곤 했다. 초콜릿 역시 예외는 아니어서 그 단맛을 느껴볼 겨를도 없이 입에 넣고 단맛이 퍼지기도 전에 아이는 서둘러 초콜릿을 뱉어내곤 했다. 그랬던 아이가 제가 만든 초콜릿을 한입 베어 물더니 웬일인지 이것만큼은 맛있다며 오독오독 씹어먹는 것이 아닌가. 생선이 싫다며 손사래를 치던 아이가 부모와 낚시를 가서 직접 떡밥을 만들고 낚싯대를 던져 한참을 기다려 물고기를 잡은 뒤부터 생선요리 전도사가 되었다는 이야기, 악기라면 진절머리를 치던 아이가 수준에 맞는 악기와 악곡을 오랜 기간 연습하여 한 곡을 연주할 수 있게 되자 스스로 새로운 악기를 배워보겠노라 도전했다는 이야기는 드문 이야기가 아니다. 사람이 무언가를 해보기도 전에 지레 거부감을 드러내는 이유는 여럿이겠으나 그것을 극복하는 방법은 유일하다. 직접 경험을 통한 성취가 바로 그것이다. 생선이 싫은 아이는 생선이 싫은 이유를 수십 개는 댈 수 있다. 악기라면 치를 떠는 아이 역시 마찬가지다. 하지만 그들 모두 시간을 들여 스스로 그것을 건져 올려낸 경험을 함과 동시에 약점은 극복된다. 그리고 그것은 아이뿐만 아니라 모든 인간이 자신의 삶을 긍정하게 되는 주요 지점이 된다.

그래서 어린아이들은 "내가 할 거야."를 끊임없이 외치며 자립을 꿈꾼다. 이 순간은 인간이 자신을 긍정할 수 있는 최초의 도전을 시도하는 시기이다. 이 시기를 어떻게 보내느냐에 따라 인간은 자신을 긍정하며 도전을 즐겁게 받아들이며 살아가게 되거나 끊임없이 자신을 부정하며 도전을 거부하며 살아가게 된다. 기다려주는 것이 힘들어서 쉬운 길이나 도움의 손길을 너무나 빨리 제공하는 부모는 아이의 이런 자립 욕구를 무시하는 셈이다. 자립하고 싶었던 아이는 그렇게 부모가 쳐둔 울타리 덕에 자립의 필요성을 깨닫지 못하게 되고 결국 이는 한 인간의 존재 이유를 함몰시킨다.

우리는 살아가며 어떠한 방식으로든 도전을 멈출 수 없다. 도전은 성공과 실패를 떠나 그 자체로 인간의 삶에 많은 의미와 가능성을 부여하며 인간 스스로 존재 이유를 찾아가는 가장 큰 밑거름이 된다. 그래서 도전 자체를 피하게 만드는 행위는 인간성을 잃게 만드는 가혹 행위와 다름없다. 인간은 스스로 일궈낸 것에서만 성취감을 느낄 수 있다. 성취감을 느껴본 적 없는 사람이 자신감이 생길 리 만무하고 자신감이 없는 사람이 새로운 시도를 할 수 있을 리 없다. 모든 부모는 그래서 아이 스스로 아주 작은 것부터 성취할 수 있게끔 다양한 방식으로 응원과 지지를 보내야 한다. 때로는 정서적인 지지를 통해서, 때로는 방법적인 안내를 통해서, 부모가 동원할 수 있는 모든 자원과 모든 인내심을 투여해 아이의 도전을 계획하고 응원하고 칭찬해야 한다. 그때 아이가 맺게 될 성취와 자신감의 과실은 아이에게뿐만 아니라 부모에게도 최고의 달콤함을 선사한다.

우리 노래 부르면서 갈까?

아빠 늦겠다. 서두르자.

아들 몇 분 정도 남았어?

아빠 십 분 정도?

아들 학원까지 십 분 걸려?

아빠 응 빠듯하겠다. 오 분 정도 일찍 가는 게 좋은데.

아들 항상 오 분 정도 일찍 가야 돼?

아빠 그럼~ 약속 시간 딱 맞춰서 가는 건 안 좋은 습관이야. 오 분 정도 일찍 가는 게 마음도 편하고 여유로워지니까 좋아.

아들 그럼 우리 노래 부르면서 가자. 그러면 기분이 좋아져.

아이의 학원 시간이 촉박할 때면 부랴부랴 짐을 챙겨 집을 나서며 서두르자는 말만 반복적으로 내뱉게 된다. 그런 나를 가만히 바라보며 아이는 되려 내게 여유를 가지라는 듯 노래를 부르며 가자고 제안한다. 아이의 한마디에 그래 뭐 그리 큰일이라도 났다고 그렇게 조급하게 재촉했을까 싶은 생각이 들며 신기하게도 마음이 차분해진다.

약속 시간에 대한 강박 같은 게 있었다. 스스로 시간 약속을 지키지 못했을 때 죄책감을 느끼기도 하며 그것이 성실함과 책임감, 한 인간의 됨됨이를 드러내는 하나의 척도라 생각하며 살아왔다. 아이의 한마디에 갑작스레 가치관이 변한 것은 아니지만 매사에 같은 기준을 적용할 필요는 없다는 것을 잠시나마 환기하기에 충분했다. 시간 단위로 일정을 쪼개 살았던 이십 대와 달리 마흔에 가까워진 이제는 무계획과 우연의 가능성과 그것이 가져오는 다른 종류의 철저한 짜임새를 긍정하게 되었다. 하지만 여전히 어떤 부분에서는 이전 모습을 완전히 버리지 못하고 있음이 분명했다.

"아빠 내가 노래 불러 볼 테니까 무슨 노랜지 맞춰 봐."
"음음~ 음음음음~ 음음음음~ 음~음~ 음음음음~ 음음~ 음음~"

한마디만 들어도 금세 〈아기공룡 둘리〉의 주제가라는 것을 알아챘지만 그 순간의 평화로움과 아이의 목소리를 조금 더 듣고 싶은 마음에 짐짓 모르는 채 무슨 노랜지 전혀 모르겠다며 조금 더 불러달라고 아이처럼 보챈다. 아이는 그것도 모르냐며 미소를 띤 채 흥얼거림을 이어간다. 아빠의 어리둥절한 표정이 재미있어서였을까, 그저 노랫가락에 흥이 올랐던 것일까, 아이는 학원에 도착하기까지 십분 남짓한 시간 동안 그렇게 〈아기공룡 둘리〉 주제가를 반복해서 흥얼댔다.

 아이와 웃음을 터뜨리며 놀 때마다 감사함과 행복감을 느낀다. 이렇게 육성으로 소리 내며 웃는 일이 얼마나 귀한 일인지, 얼마나 드문 일인지, 얼마나 어려운 일인지 알기에 그 소중함이 너무도 애틋하다. 그래서 동시에 아련하다. 아이의 성장 이후 다시는 되돌릴 수 없는 이 시간을 사무치게 그리워하게 될 것을, 그것이 몇 년 안에 반드시 직면하게 될 사실이라는 것을 알기에 아직 다가오지 않은 미래를 걱정하는 일이 어리석다는 것을 알면서도 그 어리석은 짓을 자꾸만 반복하게 된다. 그것은 어찌할 수 없는 일이기에 그렇다. 그렇게 어찌할 수 없이 어리석다는 것을 알면서도 현실이 행복할수록 미래의 모습을 자꾸만 떠올리게 된다. 그런 생각을 하며 아이와 함께한 짧은 산책은 찰나처럼 지나간다. 서둘러야 할 때는 노래를 부르기, 아이와 웃을 때는 그저 신나게 웃기. 아이는 오늘도 두 가지 가르침을 남기고 즐겁게 제 갈 길을 간다.

지금도 하고 싶은 거
다 하면서 살고 있어

아들 100만 곱하기 100은 뭐야?

아빠 천천히 한번 생각해 볼까?

아들 음… 생각해 볼게… (가만히 생각하더니) 1억!

아빠 우와 맞아, 대단한데!

아들 1억이 있으면 엄청 부자겠다.

아빠 그렇지, 엄청 부자겠다. 우리 아들도 나중에 커서 부자 돼서 하고 싶은 거 다 하면서 살아.

아들 나 지금도 하고 싶은 거 다 하면서 살고 있어.

아빠 정말? 하고 싶은 게 뭐였는데?

아들 갖고 싶은 레고도 다 있고, 엄마 아빠랑 맨날 놀잖아.

인간은 언제나 갖지 못한 것에 갈증을 느끼며 살아간다. 늘 미래를 갈망하거나 과거에 얽매여 현재를 살지 못한다. 그리하여 여러 철학자와 종교인 혹은 그와 비슷한 구도자적 삶을 추구하는 사람들은 '현재에 충실한 삶'을 도달해야 할 이상향으로 상정한다. 하지만 이상이라는 것들이 대부분 그러하듯 도달하기 쉽지 않은 일이기에 보통의 사람들은 얼마간의 고통 속에서 허우적대며 살아간다.

하고 싶은 것도 많고, 갖고 싶은 것도 많은 우리네 삶을 가만히 생각해 보니 "지금도 하고 싶은 거 다 하면서 살고 있다."라는 아이의 말은 어느 깨딜은 자의 말처럼 느껴지기까지 한다. 애써 철학과 종교를 배우지 않아도, 구도자적인 삶의 자세를 익히지 않았어도, 아이는 태초부터 현재를 살도록 빚어진 존재인 것처럼 오늘을 산다. 지금 먹지 않으면 큰일 날 것처럼 울어대고, 지금 놀지 않으면 다음에는 결코 놀 수 없다는 듯 떼를 쓴다. 좋아하는 친구와 헤어질 때면 아쉬운 마음에 몇 번이고 뒤를 돌아보며 손을 흔드는 모습을 바라보면서 아이처럼 살아야겠다고 다짐하기도 여러 번이다.

아이가 현재에 충실한 이유는 어른과 달리 회상할 과거가 많지 않고 인지 능력이 충분히 발달하지 못해 먼 미래를 그려내기 어려운 탓도 있을 테지만, 그럼에도 분명 깨달음을 주는 지점이 있다. 젊은 날에는 불안한 마음에 앞날을 그리느라 미래를 생각하기 바쁘고, 나이를 먹으면 흘러가 버린 추억을 곱씹느라 과거를 들여다보는 데 많은 시간과 마음을 소모한다. 젊음과 늙음을 나누는 기준은 모호하다. 누군가는 젊은 시간을 오래 가져가기도 하고 누군가는 어려서부터 늙어버린 상태의 삶을 살아가기도 하지만, 인간은 어느 시점에 반드시 양측 중 어느 한쪽에 더 큰 비중을 두게 된다. 그래서 현재를 살아가면서도 현재를 바라보지 못하고 어떤 보이지 않는 족쇄에 묶인 것처럼 끌려 당겨지는 인생에 괴로워할 때가 있다.

현재를 살기에 가장 좋은 방법은 몰입할 수 있는 대상을 찾는 일이다. 아이와 함께하는 시간은 강력한 몰입의 시간이다. 아이가 어릴수록 그 몰입의 강도는 더 강하다. 그것은 그저 아이가 귀엽기 때문이기도 하겠지만, 한눈을 팔면 위험한 상황에 곧바로 노출될 수 있을 만큼 보호자의 기여도가 높기 때문이다. 아이에게 필요한 것을 즉각적으로 제공해야 할 의무가 있기도 하다. 그런 의미에서 아이라는 존재는 부모에게 이미 선물인 셈이다. 가장 강렬한 몰입의 시간을 안겨주기 때문이다. 때로는 그 의무감에 숨이 턱 막히기도 하고, 그 고됨에 몸과 마음이 지쳐 실질적으로 소진됨을 느끼기도 하지만 아이는 부모가 자신의 인생에서 가장 강렬한 몰입을 경험하도록 촉진하는 존재임은 분명하다. 그렇게 너와 함께할 때 우리는 가장 강렬하게 현재를 살게 된다.

아이의 말에서 무엇을 보고 있나요?

아이를 통해 부모 역시 성장합니다. 좋은 부모라면, 아이의 말에서 통찰과 깨달음을 얻을 수 있어야 합니다. 아이는 부모가 가장 관심을 기울이며 바라보는 존재이기 때문에 그렇습니다. 세상에서 가장 사랑하는 존재의 말을 통해서도 배우는 것이 없다면 그 사람은 그 무엇을 통해서도 깨달을 수 없기 때문입니다.

- 내가 잊고 지냈던 올바른 것들을 향해 다시 한번 진심을 다해 살아보겠다고 다짐했던 순간이 있었을까요?
- 내 삶을 되돌아보게 했던 아이의 말이 무엇이었는지 함께 고민해 볼까요?

Chapter 5

"그게 너의 마음이구나."

아이의 진심이 담긴 말

아이의 마음속에는
우리가 잃어버린 진실이 숨어 있다.

- 루이스 캐럴 -

언제 나이를 안 먹어?

아들 아빠 언제 나이를 먹어?

아빠 1월 1일이 되면 한 살 더 먹지.

아들 그럼 언제 나이를 안 먹어?

아빠 나이를 안 먹을 수는 없어.

아들 나이 안 먹고 싶어.

아빠 응? 왜 나이를 안 먹고 싶어?

아들 나는 다섯 살이 좋아서.

 빨리 나이를 먹어서 형아가 되고 싶다고 재잘대던 다섯 살 아이의 입에서 나이 먹고 싶지 않다는 이야기를 듣게 될 줄은 몰랐다. 왜 나이 먹기 싫은지 묻자 아이는 장난감을 계속 가지고 놀고 싶어서라고 답한다. 나이를 먹으면 장난감을 가지고 놀 수 없다고 말한 것도 아닌데 아이는 어느새 장난감은 어린아이들만 가지고 노는 것이라는 생각을 내면화한 모양이다. 나이를 먹고 어른이 되어도 장난감을 가지고 놀아도 된다며 아이를 안심시켰다. 그러나 장난감을 가지고 노는 어른에 대한 사회적 인식이 여전히 긍정보다는 부정적인 쪽으로 기울어져 있다는 생각에 아이에게 건넨 말의 진위를 다시금 곱씹게 된다. 장난감은 아이들이나 가지고 노는 것이라는 생각처럼 고착화된 패러다임이 있다. 다양성과 개성을 근거 삼아 모두 그런 것은 아니라며 부정하고 싶지만 이미 많은 사람의 경험 혹은 판단이 쌓여 굳어진 집단적 생각의 덩어리를 전복시키기는 어려운 일이다.

　가지고 노는 대상의 형태만 바뀌어 갈 뿐이지 인간에게 장난감이 필요치 않은 시절은 없다. 어린 시절엔 인형이나 로봇이 최초의 장난감 노릇을 할 테지만 나이를 먹어감에 따라 그 형태는 변형된다. 형태가 달라질 뿐 장난감이라는 본질적 존재가 인간에게 언제나 필요한 것이라고 한다면 나이를 먹고 싶지 않다는 다섯 살 아이의 말은 구십 살 노인의 입에서 나올 때와 별반 차이가 없는 말이 된다. 우리에겐 언제나 장난감이 필요하기 때문이며 나이를 먹어서 더는 그 장난감을 가지고 놀 수 없다고 한다면 그것은 누구에게나 슬픈 일이기 때문이다. 장난감을 가지고 놀며 기쁨을 누리는 다섯 살이 좋은 아이가 나이를 먹어감에 따라 또 다른 어떤 것들을 좋아하게 될지 궁금하다. 그것이 무엇이건 기쁨을 얻을 수 있는 것이라면 모두 다 좋다. 기쁨과 즐거움만큼 삶을 충만하게 만들어주는 것은 없을 테니까.

한시도 떨어지지 말자는 말 그만해, 내가 금방 오니까

아들 엄마 오늘 월요일이라서 회사 가?

엄마 그럼, 회사 가야지. 회사 다녀와서 저녁에 재미있게 같이 놀자.

아들 응.

엄마 엄마랑 떨어지기 싫어서 그렇구나? 엄마도 그래.

아들 응.

엄마 엄마가 얼른 회사 다녀올게. 우리 한시도 떨어지지 말자.

아들 한시도 떨어지지 말자는 말 그만해, 내가 금방 오니까.

직장에 다니는 엄마들은 아이의 곁에서 아이를 보살피지 못하는 것에 왠지 모를 죄책감을 느낀다고 한다. 그래서일까. 아내는 월요일 아침이면 아이에게 미안한 마음을 더 크게 느꼈던지 평소보다 더 깊이 안아주며 얼른 다녀오겠노라고, 떨어져 있는 동안 잘 지내고 있으라고, 자신에게 하는 말인지 아이에게 하는 말인지 모를 말을 되뇌곤 했다. 아이 역시 일주일이라는 개념이 머릿속에 들어온 뒤로, 주말을 온통 부모와 함께 보낸 뒤 찾아오는 월요일 아침이면 매번 오늘은 월요일이라서 엄마 아빠가 회사에 가야 하느냐고 물어오곤 했다. 몇 번의 그런 월요일 아침을 맞이하며 우리 부부는 아이를 안심시키기 위해 금방 돌아올 테니 걱정하지 말라는 말을 자주 했던 모양이다. 어느 날 아침, 아이를 진정시키기 위해 내뱉곤 했던 우리의 말을 아이가 고스란히 우리에게 되돌려주는 것을 보며 아이가 오히려 우리를 위로하고 있는 모양새에 기가 막혔다.

"아들이 어린이집에서 금방 돌아오니까 엄마 아빠 걱정하지 말라는 소리야?"

"응."

이게 대체 무슨 일인가. 부모와 떨어지기 싫어하는 아이를 달래는 것이 부모의 역할일 텐데 오히려 아이가 부모를 위로하는 꼴이라니. 이것을 대견하게 보아야 할지 염려스럽게 생각해야 할지 혼란스럽다. 메마른 땅은 필연적으로 거칠게 갈라질 수밖에 없음을 알기에 아이의 삶이 촉촉한 온정을 충분히 머금기를 바랐다. 그런 생각으로 아이와 함께 지내다 보니 가끔 아이의 입에서 나이에 비해 의젓하게 느껴지거나 대견해 보이는 말이 튀어나올 때면 혹시 내가 충분한 따스함을 전해주지 못했나 싶어 그 기특함을 칭찬하기에 앞서 날이 선 불안감이 먼저 품으로 파고든다. 혹여나 나의 삶의 정당성을 입증하고자 내가 살아온 방식을 아이에게 무의식중에 강요했던 것은 아니었는지, 충분한 사랑으로 무한한 가능성의 토양을 다져두기도 전에 존재의 자립을 강요했던 것은 아니었는지, 아이를 대하는 말과 태도와 눈빛을 되감아 하나씩 차근히 짚어가며 살펴본다. 아이의 말 한마디, 아이의 행동 하나에 부모는 온 우주를 헤집어가며 그 말과 행동의 원인을 반추해 나간다. 혹여나 내 잘못 때문은 아닐까, 나로부터 비롯된 것은 아니었을까, 그런 끊임없는 불안이 파생하는 자기반성 속에서 부모는 부모가 되어간다. 그렇게 청춘은 아버지가 되고 어머니가 되어간다.

느낌이 어떨까?

아들 우와 눈 온다.

엄마 내일 어린이집 갈 때 장갑 끼고 가.

아들 응. 신난다. 내일 눈이 많이 쌓였으면 좋겠다.

엄마 내일 눈사람도 만들고 눈싸움도 하고 친구들이랑 재미있게 놀아.

아들 응. 느낌이 어떨까?

아이 인생에 첫눈을 마주하는 순간을 목격하게 됐다. 최근 몇 년은 눈을 보기 힘들었다. 눈이 오더라도 싸락눈이 잠깐 흩날릴 뿐, 채 쌓이지 못하고 금세 녹아버려 눈싸움을 하거나 눈사람을 만들 만큼 충분한 양의 눈이 쌓인 것을 본 지 오래되었다. 책에서만 보던 눈이 내리는 겨울 하늘을 아이는 오늘에서야 처음으로 마주하고 있다. 아이는 눈이 오면 어린이집에 가서 친구들과 눈싸움도 하고 아빠랑 눈사람도 만들겠노라고 여러 번 말해왔다. 불굴의 의지로 어떤 힘든 것을 성취하기라도 하겠다는 듯, 반드시 그렇게 하겠노라고 몇 번이고 다짐하고 또 다짐했다. 그렇게 오매불망 기다리던 함박눈이 잠들기 전 캄캄한 밤하늘을 가득 채우는 것을 아이는 부모보다 먼저 발견하고는 놀랍다는 듯한 목소리와 표정으로 자신의 감정을 충실히 드러낸다.

반가운 것을 마주할 때면 으레 그러하듯 눈을 동그랗게 뜬 채 한껏 격양된 목소리로 아이는 외쳤다. "아빠! 이리 와 봐! 눈이 와! 창문 밖에 눈이 오고 있어!" 눈이 온다는 사실보다 아이의 높아진 목소리가 나를 더 들뜨게 한다. 그렇게 기다리던 첫눈, 아이가 인생의 첫눈을 맞이하는 순간을 지켜볼 수 있는 것은 행운이다. 매서운 칼바람이 휘몰아치는 한밤의 싸늘한 공기도 아이의 넘치는 기쁨을 억누르기엔 미지근했던 모양인지 아이는 자꾸만 창문을 열고 눈이 오는 것을 바라보자고 졸라댄다. 혹여 감기에 걸릴까, 두꺼운 이불로 아이의 온몸을 돌돌 감싼 채 창문을 열고 한밤중에 선명하게 내리는 첫눈을 함께 바라본다.

"이제 자러 갈까?"라는 물음에 "조금만 더 보고."라고 답하는 아이는 여전히 눈을 반짝이며 창밖을 응시한다. 감기에 걸릴세라, 내일 늦잠을 자서 혹여 아침 일정이 꼬일세라, 현실을 걱정하는 아빠의 마음은 아랑곳하지 않은 채, 아이는 첫눈이 내리는 풍광에 한껏 매료된 듯하다. 이만하면 됐다 싶을 만큼 밖을 바라보다가 아이를 방으로 데려와 눕힌다. 잠을 자기 위해 불을 끄지만 아이는 몇 초 지나지 않아 쪼르르 거실로 달려가 창문 앞으로 다시 발걸음을 옮긴다. 가만히 창밖을 바라보며 서 있는 아이의 뒷모습이 귀여워 꼭 안아주고 싶다는 생각을 하다가 오롯이 혼자서 감상에 빠져있는 시간을 방해할까 싶어 잠시 그대로 둔다. 장난스러운 웃음과 함께 방과 거실을 오가던 몇 번의 실랑이 끝에 아이는 첫눈을 가슴에 담고 새근새근 잠이 든다.

"느낌이 어떨까?"라는 너의 해맑은 질문에 잠시 말문이 막힌다. 너는 지금 무엇을 느끼며 살아가고 있을까. 내일 꼭 눈사람도 만들고 눈싸움도 할 수 있기를 바란다. 눈이 오기를 간절히 기대했던 아이의 마음에 실망의 싸락이 내려앉지 않도록, 오늘 밤 내리는 눈은 그 어느 때보다 두텁고 무겁게 쌓이기를 진심으로 바란다.

그 노래 부르지 마

아빠 원 투 쓰리 넌 나를 떠났지만~

아들 왜 떠났대?

아빠 응? 그러게, 왜 떠났을까?

아들 그냥 노래야?

아빠 어 그냥 노래야.

아들 노래 다시 불러봐 아빠.

아빠 원 투 쓰리 넌 나를 떠났지만~

아들 그 노래 부르지 마, 아빠.

아빠 왜?

`아들` 슬퍼.

　아이는 짧은 노래 가사 한마디에도 일일이 반응한다. 멜로디가 슬펐을까 가사가 슬펐을까. 슬프니 더는 노래를 부르지 말라는 아이의 말에 흥얼거림을 멈춘다. 떠남이라는 단어를 듣고 아이의 마음에 어떤 일렁임이 있었을까. 한 번도 이별을 경험해 본 적 없는 아이가 어찌 이별과 떠남의 정서를 상상할 수 있을까. 아니 어쩌면 한 번도 경험해 보지 못한 감정이기에 그것이 더욱 크게 다가왔던 것이었을까? 알 수 없는 일이다. 어린이집에 첫발을 내딛던 작년 3월이 생각난다. 세 돌까지 집에서 가족과 지내다 처음 기관에 발을 들인 그날 이후 아이는 일 년 동안 아침마다 울었다고 한다. 낯선 환경에 적응이 힘들어서 이렇게 아침마다 눈물과 함께 어린이집에 들어오는 아이들이 많다고 걱정하지 말라던 어린이집 선생님들도 일 년 내내 우는 아이를 맞이하며 적잖이 당황스러웠으리라. 그렇게 일 년을 눈물 바람으로 어린이집에 다니더니 이제는 제법 의젓해진 모양인지 고래고래 울어 젖히는 대신 아침마다 할머니에게 휴지를 조금만 달라고 말하더란다. 유치원 버스를 타면 눈물이 나오니 눈물 좀 닦게 휴지를 조금만 달라고 한다는데 그렇게 받아 든 휴지 몇 장으로 눈물을 톡톡 찍어 닦아내고는 유치원 가방에 집어넣는 모습이 대견하다.

　아이에게 떠남과 헤어짐의 이미지는 어떤 것일까. 아침에 어린이집에 가며 부모와 육체적으로 분리되는 상황일까. 주말에 같이 놀자고 약속해 놓고 일이 있다고 나가는 아빠를 바라봐야만 하는 상황일까. 어른의 눈으로 볼 때 별일 아닌 것들이 아이의 세계에서는 경천동지할 정도로 큰일일 때가 많다. 아이의 머릿속에 들어있는 떠남의 이미지가 어떤 것인지 정확히 알 수는 없지만 적어도 그것이 슬픔의 정서를 품고 있는 것만큼은 분명한 사실이다. 부모로서 애잔하고 안쓰럽다는 마음이 들다가 불현듯 기쁘고 다행이라는 생각을 한다. 슬프게 살아온 날보다 기쁘게 살아온 날이 압도적으로 많았을 아이에게 이따금 다가올 슬픔의 정서는 차라리 축복이다. 고질적, 만성적 슬픔으로 삶이 휘감겨 있지 않은 상태에서 겪는 작은 슬픔은 삶을 다채롭게 채색할 가능성을 열어준다. 그렇게 생각하니 마음이 조금은 덜 무겁다. 작은 슬픔과 함께 조금씩 자라날 아이의 모습이 기대된다. 너무 슬퍼하지 마라, 슬픔도 시간이 흐르면 보물이 되기도 하니.

나도 주사가 무서웠는데 꾹 참았어

아빠 그렇게 토끼는 먹고 싶은 당근을 눈앞에 두고도 먹지 않고 꾹 참았답니다.

아들 나도 오늘 주사가 무서웠는데 꾹 참았어.

아이는 장염 의심 증세로 어제오늘 이틀간 집 앞 소아과에서 수액을 맞았다. 37도에서 38도로, 그리고 기어이 39도가 넘어가며 열이 해열제로 잡히지 않자 아내와 나는 부랴부랴 소아과로 달려갔다. 가까운 곳에 소아과가 있어서 얼마나 다행인지, 주말이라 천만다행이라는 말을 하며 아내와 나는 서로를 도닥였다. 장염이 의심되며 여러 바이러스도 유행이라 입원을 고려해야 할지도 모른다는 의사의 진단을 듣고 하루만 더 지켜보기로 했다. 아내와 나는 오늘 밤 아이의 열이 가시기를 기도하며 떨어지지 않는 발걸음을 집으로 옮겼다. 다행히 수액의 효과가 있었는지 집으로 돌아온 아이는 열이 내리기 시작했고 열이 내리자 입맛이 조금은 돌아왔는지 거부하던 음식을 조금씩 입에 대기 시작했다. 상태가 좋아졌는지 아이는 다시 활기를 찾았고 이런저런 놀이를 하며 평소와 다름없는 모습을 보이기 시작했다. 그렇게 보드게임을 하고, 장난감을 가지고 놀고, 책을 읽었다. 책을 읽던 와중, 책의 등장인물이 무엇인가를 꾹 참았다는 문장이 나오자 아이는 자신이 어제오늘 겪었던 경험을 풀어내기 시작했다. 자신도 무섭고 아팠지만, 꾹 참았다는 말, 동화책을 읽으면서 유독 "참았다."라는 단어가 아이의 가슴에 꽂혔던 이유는 그 단어에서 자신을 발견했기 때문이리라. 나도 아프고 무서웠는데 참았다는 말을 두세 번 연거푸 꺼내는 아이를 바라보며 어제오늘 아이가 자신의 손등에 바늘이 꽂힐 때 외쳤던 절규가 떠오른다.

주사 맞아야 돼요?
왜요? 나 이제 배 안 아파요!
안 아프게 주사 놔주세요!
주사 맞기 싫어요!
빨리 해주세요, 선생님!
엄마 아빠, 저쪽으로 가고 싶어!
집에 가고 싶어!

울고불고 고함을 치는 아이의 모습은 절규 그 자체였다. 주사 한 대 맞는 일이 뭐 별거냐는 어른의 생각과 달리 다섯 살 아이에게 주삿바늘은 일생일대의 공포였음이 분명하다. 그렇지 않고서는 그런 포효를 내지를 수 없다. 공포와 마주하며 아이는 그 찰나의 순간에 여러 감정을 경험하고 있었다. 이 두려움이 진짜인지(주사 맞아야 돼요?), 이 두려움을 외면하기 위한 거짓말(나 이제 배 안 아파요), 회피하고 싶은 마음(주사 맞기 싫어요), 권위에의 호소(빨리 해주세요. 선생님), 조력자의 도움 요청(엄마 아빠, 주사실이 아닌 곳으로 가고 싶어), 가장 안전한 곳으로 피신(집에 가고 싶어). 막상 손등에 주삿바늘을 꽂은 뒤에는 유튜브를 보며 얌전히 앉아있었지만 그렇게 안정을 되찾기 전까지 그 찰나의 순간은 아이에게도, 그런 아이를 바라봐야 하는 부모에게도 끔찍한 순간으로 각인된다. 아이가 울며불며 부모에게 매달려 절규하는 그 순간에는 주변의 눈치를 보느라 그저 아이를 달래기에 여념이 없었지만 진정된 아이와 대화를 하며 그 순간 아이도 최선을 다해 참아내고 있었음을 깨닫는다.

아빠랑 조립하기로 했는데

아들 (꾸벅꾸벅 존다.)

엄마 졸려? 오늘 피곤했나 보다 양치하고 일찍 자자.

아들 안 돼. 아빠랑 레고 조립하기로 했는데.

엄마 내일 해도 돼~

아들 (눈물이 쪼르륵 흐른다.)

엄마 왜 울어 아들. 괜찮아 내일 하면 되잖아~

아들 아니야.

아빠 오늘 아빠랑 조립하기로 약속했는데 약속한 걸 스스로 못 지키게 된 것 같아서 그러는 거야?

아들 (끄덕끄덕)

아빠 괜찮아. 약속은 중요하지만, 엄마 아빠는 지금처럼 아들이 약속 못 지키는 상황도 다 이해해. 그러니까 울지 말고 내일 하자. 내일 조립하는 걸로 우리 다시 약속하면 약속을 못 지키는 게 아니잖아.

엄마 그래. 너무 졸리면 자야지. 어릴 때는 잠자는 것도 중요한 일이야.

아들 응. 알았어.

레고를 가지고 놀고 싶은데 못 놀게 해서 우는 줄 알았다. 그런데 가만 생각해 보니 하고 싶은 것을 못할 때 흘리던 눈물의 양상과는 무언가 다른 느낌을 받았다. 하고 싶은 것을 못하게 되었을 때는 보통 소리를 지른다거나 짜증 섞인 말투로 자신의 불만을 표출했다면 이번에는 별다른 소리를 내지 않고 눈물만 또르륵 흘렸다는 점, 아니라는 말도 "아니야~~~!!"가 아니라 "아니야…"와 같은 느낌으로 발화했다는 점, 눈을 자꾸만 비비고 있다는 점이 달랐다. 아, 아이가 느끼고 있는 감정은 짜증이 아니라 죄책감에 가깝다는 것을 알아챘다.

괜찮다고, 약속한 것을 못 지킬 때도 있는 법이라고, 약속한 대상과 새롭게 약속하면 되는 일이라고, 지금 그 나이에는 졸릴 때 자는 것도 중요한 일이라고, 그렇게 아이를 안심시키자 아이는 수긍을 한 모양인지 침대로 가 그대로 스르륵 잠이 든다.

 부모의 말이 세상에 진리였던 탓에 아이는 "약속을 지켜야 한다."는 말을 경전처럼 떠받들었던 모양이다. 복잡한 세상사에 융통성이라는 것이 필요하다는 것을 어린아이가 알 리 없다. 그때그때 상황에 따라, 맥락에 따라 적절하게 원리원칙을 변주할 줄도 알아야 하는 것이 인생이라는 것을 여섯 살 아이에게 어떻게 설명해주어야 할까. 세상 모든 일이 모순되고 모든 말이 모순되며 인간이 모순 그 자체라는 것을, 하나는 하나고 둘은 둘인 줄만 알고 있는 이 아이에게 어떻게 전달할 수 있을 것인가. 손을 잡아주고 이름을 불러주고 눈을 맞추며, 부모에 대한, 세상에 대한 믿음을 심어주는 것으로 아이가 앞으로 세상을 살아갈 수 있는 단단한 밑천을 다져주고 있노라고 믿는 부모이지만, 그런 부모 역시 가끔은 어느 것이 진실이고 어느 말이 사실인지 헷갈려 늘 혼란과 싸우며 살아가고 있다는 것을 아이 역시 언젠가 깨닫는 날이 올 테지. 그리고 그즈음이면 우리는 더 이상 아이에게 이래라저래라 해줄 말이 없어질 것을 안다. 그날이 어서 빨리 왔으면 좋겠다고 생각하며 아이의 시간을 서둘러보다가 한편으로는 그때까지 좋은 것을 줘야 한다는 생각에, 오히려 우리의 시간이 서둘러 흐르고 있다는 생각에 마음이 조급해진다. 세상의 모든 좋은 것들을 전해주기에 우리에게 주어진 시간이 너무 짧아서, 어쩌면 부모는 그 조급한 마음에 아이 앞에서 늘 분주해지는 것은 아닐까.

힘든 게 아니라 어려워

아빠 동생이랑 재밌게 놀았어?

아들 아니.

아빠 동생이 말을 잘 안 들었어?

아들 응.

아빠 어떻게 안 들었는데?

아들 리모컨을 밟지 말라고 했는데 밟고, 문을 열지 말라고 했는데 자꾸 열었어.

아빠 그래서 동생 때문에 힘들었어?

아들 힘든 게 아니라 어려워.

출근 전 처가에 아이를 맡긴다. 맞벌이인 탓에 염치 불고하고 아이 유치원 등원을 위해 장모님 도움을 받는다. 그런데 이번 주에는 이제 갓 돌이 지난 사촌 동생이 할머니 집에 놀러 온 모양이다. 아들은 유치원 등원 전에 두 살배기 어린아이와 잠시 놀다가 유치원에 갔다. 아기도 아기와 같이 노는 것은 힘에 부쳤던지 동생과 재미있게 놀았냐는 아빠의 질문에 고개를 절레절레 흔든다.

문 열지 마, 다쳐!
리모컨 밟으면 안 돼!
그거 주워 먹으면 안 돼!
혼자서 뛰어가면 넘어져!

아들은 쉴 새 없이 두 살배기 사촌 동생에게 안 되는 것들을 설명했지만 갓 돌 지난 아이가 그 모든 것을 이해하고 실행할 리 없다. 그렇게 아들은 어린 동생과 함께 지내며 오빠로서 역할을 일부 자각한 듯 보인다. 고되고 힘들었음이 분명하다. 그런데 천만뜻밖에도 아이는 힘들었느냐는 아빠의 질문에 고개를 저으며 힘든 게 아니라 어려웠다고 단어를 새롭게 골라낸다. 힘들다 힘들다 하면 그 일을 포기하고 싶어지니 힘들다는 말 대신 어렵다는 말로 어휘를 고쳐 써보자는 어느 강사의 말이 문득 생각난다. 힘들 때는 포기하고 싶어 지지만 어려울 때는 방법을 찾게 되기 때문이라는 것이다. 아이가 어휘 차이에 따라 사고의 변동을 계산하여 힘들지 않고 어렵다고 말했을 리는 없다. 아이는 부지불식간에 두 살배기 어린 아기와 소통하는 일이 힘듦보다는 어려움에 가까운 일이라고 느꼈던 것이었을까. 굳이 단어를 골라서 아빠의 말을 다시 정정하는 아이를 보며 사뭇 놀란다.

해변을 거닐며 사랑하는 연인에게 선물할 조약돌을 골라내듯 단어를 신중히 선별하는 것이 작가의 일일진대 아이 앞에서 문득 한없이 작아짐을 느낀다. 더 섬세하게 바라보고 더 치밀하게 구분하려는 노력은 과연 쓸모 있는 노력일까. 아이와 나누는 대화는 세상에서 가장 재미있는 놀이다. 나라는 존재를 가장 천진하게 바꾸고 때때로 이렇듯 큰 감동과 고양감을 누리도록 하니, 할 수만 있다면 아이와 함께 눈떠서 잠드는 순간까지, 대화하고 싶은 요즘이다.

용사도 사람이야

아들 엉엉… 아빠가 자꾸 나를 괴롭혀.

아빠 괴롭히는 게 아니라 아들이 잘못한 걸 알려주는 거야.

아들 아니야 엉엉… 아빠 미워.

아빠 왜 자꾸 울지? 용사는 울지 않는데?

아들 용사도 사람이야.

아이는 자신을 용사라고 칭한다. 악당들을 물리치고 위기에 처한 사람을 도와주며 언제나 정의롭고 누구보다 강력한 정의의 용사. 그렇게 어느 날은 펜타스톰 엑스가 되었다가 어느 날은 한글 용사가 되고 또 어느 날은 슈퍼마리오가 된다. 나중에 커서 경찰이 될 것이라며 나쁜 악당을 잡아 감옥에 넣겠다고 호기롭게 말하는 아이의 입술을 바라보며 그저 미소를 짓는다. 용사를 부르짖던 입술은 잘못을 저질러 훈육을 받으며 이내 삐죽삐죽 씰룩씰룩 앞뒤 양옆 위아래로 움직이더니 눈물과 함께 으앙 소리를 낸다. 제가 내는 소리에 저 스스로 더욱 서러워졌는지 아이의 입은 울음소리에 비례하며 점점 더 크게 벌어진다. 용사도 사람이라며 울고 있는 자신의 정체성을 용사와 분리하지 않기 위해 애쓰는 모습이 대견하기도, 재미있기도 하다.

한때 나는 좋은 사람이 되고 싶었다. 유쾌한 사람이 되고 싶었고, 이끄는 사람이 되고 싶었으며, 도움을 주는 사람이 되고 싶었다. 어디 그뿐이었을까. 책임감 있는 사람, 유능한 사람, 발이 넓은 사람, 잘 노는 사람, 배려심이 깊은 사람, 좋은 사람이 갖춰야 할 모든 요소를 갖추고 싶어 아등대던 때가 있었다. 아이와 다를 바 없이 용사가 되고 싶었던 셈이다. 나 역시 힘들어서 엉엉 울면서도 좋은 사람이라는 이상향에서 나의 정체성을 분리하지 못하고 이런저런 합리화를 시도했었다. 내 유머를 받아주지 않는 사람에겐 나와 코드가 맞지 않는 사람이라는 프레임을 씌우고 도움을 줬음에도 심드렁한 사람에겐 고마워할 줄 모르는 사람이라 평했다. 애초에 나는 좋은 사람이 아니었을뿐더러 모두에게 좋은 사람이라는 존재하지 않는 이상향에 나를 끼워 맞추느라 불필요한 에너지 낭비를 하고 있었던 셈이다.

왜 우리 모두 용사가 되고 싶지 않겠는가. 그 멋들어진 존재에 가닿고 싶은 욕망이 없겠는가. 다만 그것은 내 존재에 대한 과신이자 인간이란 존재에 대한 무지의 결과라는 것을 언젠가 반드시 알아차려야 한다. 모두에게 사랑받고 모두를 구원할 수 있는 용사는 어디에도 존재하지 않는다. 존재할 수 없기 때문이다. 오직 나를 포함하여 내 인생에 소중한 몇 사람에게 용사가 되어줄 수 있다면 그것만으로도 충분하다. 네 말대로 용사도 사람이니까.

가끔 내 마음속에 삐지는 마음이 생겨

아들 엄마, 나 아기 때 웃는 모습 좀 보여줘.

엄마 아기 때 모습?

아들 응, 아주 어릴 때 아기 때 모습.

엄마 (첫돌 이전 사진을 보며) 아이고 걷지도 못하고 기어다닐 때네.

아들 예뻐, 예뻐.

엄마 예뻐?

아들 응, 아가다 아가. 어? 아가 우는 모습도 있네.

엄마 그러게, 왜 울고 있지?

아들 슬픈 일이 있나 봐.

| 엄마 | 삐져서 울고 있는 거 아니야? 삐지지 마~

| 아들 | 근데 가끔 내 마음속에 삐지는 마음이 생겨.

    자기 마음을 들여다볼 줄 아는 어른, 그것을 부끄러워하지 않은 채 있는 그대로를 인정하며 드러내 보일 수 있는 어른은 많지 않다. 그 어려운 일을 아이는 오늘도 해낸다. 자기 마음을 들여다보지 못하는 이유는 이성적이지 못하기 때문이며 그것을 드러내기 어려운 이유는 용기가 없기 때문이다. 직시와 표출은 이성과 용기가 필요한 일이다.

    자기 마음속에 가끔 삐지는 마음이 생긴다는 아이의 순수한 고백에는 용기가 남겨 있다. 그리고 그 용기는 속을 모두 꺼내 보여도 별일이 생기지 않을 것이라는 믿음에서 비롯된다. 아이의 고백을 다그쳐서는 안 되는 이유가 바로 여기에 있다. 내 속을 드러내도 이 관계에 어떠한 진동도 발생하지 않을 것이라는 견고한 믿음 아래 아이는 담담히 자기 속을 꺼내 보인다. 그 보송하고 몽글한 마음을 앞에 두고 부모가 해야 할 일은 올바른 형태로의 정형이 아니라 그저 그 형태 그대로 품어주는 것이다. 무슨 말을 해도 튕겨 나오는 경험은 사람을 지치게 만든다. 그것은 이해와 공감이 결여된 대화다. 공격과 방어로 이루어진 문장의 주고받음은 결코 대화가 될 수 없다. 받아들여지는 경험이 생성되지 않기 때문이다. 세상 모든 사람을 내 아이 대하듯 대할 수 있다면 우리는 언제나 최대의 인내심을 발휘할 수 있으리라. 아이가 자기 속을 순순히 드러낼 시간이 얼마 남지 않았음을 안다. 적어도 그 기간만큼은 아이의 모든 이야기를 귀담아들어 주겠노라 다짐한다. 그리고 그런 태도가 내 삶의 전반에 뿌리내려 타인을 대할 때도 적용되기를 바란다.

아빠 하늘나라에 가지 마

 여동생의 결혼식을 치르고 오후에는 축구 교실을 다녀온 뒤 집에 돌아와 아이를 씻기고 먹이고 놀아주며 우리 부부는 피로감을 느꼈다. 하루 마지막 일과인 침대에 누워 책 읽기를 수행하는 동안 아내는 피로를 이기지 못하고 먼저 잠이 들었고 나는 마지막 책 한 권을 다 읽고 아이에게 잘 자라는 인사를 건넨 뒤 안방으로 돌아와 누웠다. 오 분쯤 지났을까, 방문이 슬쩍 열리더니 아이가 방으로 들어왔다. 눈에는 살짝 눈물이 고인 채 "아빠 무서워 같이 자자."라고 말하는 아이를 바라보며 이게 무슨 일인가 싶었다. 그간 셋이 잔 적은 있어도 나에게 먼저 둘이 자자고 한 적이 한 번도 없었던 탓에 반가운 마음도 들었지만, 아이의 입에서 나온 "무섭다."라는 말의 의미가 무엇인지 먼저 확인을 해야 했다.

아빠 엄마가 옆에 있는데 뭐가 무서웠어?

아들 …

아빠 엄마한테 말 걸고 만져봐도 아무 소리도 안 내고 움직이질 않았어?

아들 응.

어찌나 피곤했던지 평소와 다르게 아이의 말과 손짓에 아무런 반응도 하지 못할 만큼 깊이 잠든 아내를 바라보며 아이는 아마도 어렴풋이 죽음의 그림자를 느낀 모양이다. 태어나서 한 번도 느껴보지 못한 무반응과 그로 인한 소외감 혹은 단절감, 아이는 그렇게 새로운 감정 앞에서 두려움을 느꼈던 모양이다. 그리고 얼마 뒤 아이는 나에게 소원을 빌 기회에 아이답지 않은 소원을 빌게 된다.

아빠 어? 엘리베이터가 둘 다 올라가고 있네.

아들 둘 다 누르자.

아빠 그래 먼저 오는 걸 타고 나중에 오는 건 취소하는 거야~

아들 응!

아빠 우리 내기할까? 아빠는 오른쪽 엘리베이터가 먼저 올 것 같아.

아들 나는 왼쪽이 먼저 올 거 같아.

아빠 진 사람이 이긴 사람 소원 들어주는 거야.

Chapter 5 "그게 너의 마음이구나." 209

> **아들** 응!

(왼쪽 엘리베이터는 4층에서 멈추고 화살표가 아래로 바뀌어 내려오기 시작했고 오른쪽 엘리베이터는 10층을 넘어 20층을 향해 올라가고 있다.)

> **아들** 으헤헤 내가 이기겠다!! 아빠가 졌다!!

> **아빠** 악! 그렇네, 아빠가 졌네! 아들 소원이 뭐야?

> **아들** (잠시 생각하더니) 아빠 하늘나라에 가지 마.

이제 여섯 살이 된 아이에게 죽음이란 어떤 의미일까. 아이에게 죽음이라는 개념은 그저 무서운 이야기에 등장하는 미지의 존재처럼 어렴풋하게 느껴지는 일종의 두려운 대상에 불과하리라. 어렴풋하지만 부정적인 감정을 느끼게 하는 죽음이라는 관념이 인간에게 언젠가 닥치게 된다는 것을 깨닫게 된 모양인지, 가끔 사람은 왜 죽냐는 둥, 언제 죽냐는 둥, 백 살이 되면 죽느냐는 둥, 죽음에 관해 물어오곤 했다. 몇 살쯤 죽음을 인식하기 시작하는 것인지, 왜 죽음에 관심이 생긴 것인지는 모르겠으나 그저 인식이 성장하는 과정에서 물어오는 질문 중 하나일 뿐이라고 생각하지만, 다른 여타의 개념을 물어올 때와 달리 죽음에 대한 아이의 질문이 쏟아질 때 나는 그 질문의 무게에 압도돼버려 무엇이라 답해야 좋을지 몰라 한참을 고민하게 된다.

아이가 성장함에 따라 필연적으로 가르쳐야 하지만 어떻게 가르쳐야 할지 그 방법과 내용을 자세히 알지 못해 난감한 주제가 바로 "성"과 "죽음"이다. 아이에게 자신의 죽음만큼 두려운 것이 부모의 죽음이다. 이는 자신의 생존에 가장 깊게 관여하고 있으며 자신이 기댈 존재가 소멸한다는 의미이기 때문이다. 죽음의 다양한 형태를 아직 알지 못하기 때문에 아이에게 죽음이란 그저 나이를 많이 먹어야지만 겪게 되는 무서운 경험 정도일 것이다. 따라서 자신은 아직 어리기에 본인의 죽음보다는 부모의 죽음을 먼저 생각하게 되는 것 또한 당연하다.

세월이 흐름에 따라 죽음에 관한 다양한 경험을 하며 스스로 생각을 정립해 나갈 테지만 아직 어린아이가 지나치게 죽음에 두려움을 갖게 될까 걱정스러운 마음에 일단은 무조건 안정을 시키곤 한다. 잘 살기 위해서는 죽음을 늘 인식하고 있어야 할 테지만 어린아이의 입에서 죽음이라는 단어가 나올 때면 가슴이 철렁하게 내려앉는 것 또한 어쩔 수 없는 부모의 마음이다. 삶과 죽음에 관한 이야기를 함께 나눌 수 있을 만큼 아이가 성장해 있을 시기를 상상해 본다. 그때 즈음이면 죽음을 입에 올려도 철렁하거나 당황하지 않는 상태가 되어있을까, 아니면 오히려 가까워진 죽음 앞에 더욱더 두려운 마음이 앞서게 될까. 어떤 시간의 삶을 살아가야 할지 점점 명확해진다.

엄마 아빠, 나 놓고 가는 거 아니지?

아빠 얼른 챙기자 늦었어.

엄마 이제 다 했어. 옷만 입으면 돼. 밖에 추우니까 ○○이 모자 좀 챙겨줘.

(외출을 앞두고 서로 분주하게 이곳저곳을 들락거리며, 빠뜨린 것은 없는지, 켜둔 것은 없는지 집안을 확인한다.)

아들 엄마 아빠, 나 놓고 가는 거 아니지?

엄마 **아빠** … 응?

 얼마 전 백화점에서 갓난아기를 품에 안은 채, 또 다른 아이의 이름을 애타게 부르며 뛰어다니는 한 여성의 모습을 목격했다. 예전 같았으면 '애를 잃어버렸나 보다.' 하며 금세 다른 생각으로 넘어갔을 테지만 아이를 낳아 길러보니 백화점에서 아이를 잃고 뛰어다니며 아이의 이름을 부르는 엄마의 마음이 나도 모르는 사이 내 안으로 흘러와 자꾸만 뒤를 돌아보며 짧은 탄식을 내뱉게 된다. 얼마나 당황스럽고 무서웠을까. 그것은 아마도 살면서 느낄 수 있는 가장 큰 두려움들 가운데 하나임이 분명하다. 당황하여 떨리는 그녀의 목소리는 곧 울음을 터뜨릴 것처럼 애처롭고 위태로워 보였다. 그렇게 우리 가족은 잠시 발걸음을 멈춘 채 그녀에게서 눈을 뗄 수 없었다.

"저 아줌마는 왜 그러지."라는 아이의 물음에 "아이를 잃어버렸나 봐."라고 답했다. 부모가 아이를 잃어버렸다는 사실의 인과관계를 부모가 자식을 놓고 갔기 때문이라 생각했을까. 외출을 준비하던 우리 부부에게 아들이 갑작스레 다급한 목소리로 자신을 놓고 가는 거 아니냐고 던지는 질문은 한순간 놀라운 정적을 만들어냈다. 무슨 소리지? 왜 저런 소리를 하는 것일까? 아이의 마음에 잉태된 불안은 무엇으로부터 기원한 것일까. 그런 생각을 하다가 불현듯 지난 주말 백화점에서 마주한 한 여성의 다급한 목소리가 다시금 들려왔다.

불안은 모든 것을 잠식하며 파괴한다. 미래에 대한 불안은 현재를 잠식하고 사랑받지 못할 것 같다는 불안은 온전한 형태의 나로 살지 못하도록 자신을 파괴한다. 삶의 과정에 불안은 피할 수 없는 공포의 대상이다. 실체가 없고, 절대로 일어나지 않을 일에 대한 걱정이라고 할지라도 원인을 알 수 없는 불안은 끊임없이 우리를 괴롭힌다. 아이의 불안 역시 마찬가지였으리라. 백화점에서 마주한 여성의 다급함 속에서 자신의 존재가 소실될 수도 있겠다는 긴장감을 느꼈을 수도, 우연히 보게 된 영상 매체 속에서 유기의 간접 경험을 했을 수도, 부모의 말과 행동에서 분리에 대한 불안감을 느꼈을 수도, 그 원인은 명확한 어느 한 지점 때문이었을 수도 있고 희미하게 중첩된 여러 지점 간의 교차효과였을 수도 있다.

아이의 불안의 근원이 어디인지 명확히 알 수는 없지만, 불안의 존재 자체가 거슬렸다. 불안이나 긴장을 경험하지 않도록, 경험하더라도 충분한 안전이 담보된 환경 속에서 선택적으로 경험할 수 있도록 테두리를 치며 아이를 양육해 왔다고 생각했는데 그럼에도 아이의 마음 어딘가에는 부모가 제어할 수 없는 불안들이 싹트고 있던 모양이다. 모든 상황, 모든 환경을 제어하는 것은 불가능하다. 부모가 아이의 마음에 심어주고 싶은 씨앗과 아이의 마음속에 잉태되는 씨앗이 늘 같을 수도 없는 일이다. 그저 여력이 되는 동안만큼은 아이의 주변을 맴돌며 물도 주고 가지도 쳐주며 따스한 햇볕을 함께 쬐고 싶다는 마음. 아마도 그것이 부모의 마음이겠지만 아이의 마음속에 우리가 원하는 모든 것을 자라게 할 수 없다는 것을, 예상치 못한 것이 자라날 수도 있다는 것을, 어느 순간 부모는 깨달아야 한다.

아빠, 바둑은 술래잡기 같아

아들 아빠 그거 알아?

아빠 뭔데?

아들 바둑은 술래잡기 같아.

아빠 그게 무슨 말이야?

아들 서로 쫓아가고 도망치다가 잡으면 이기고 잡히면 지는 거야.

집 앞에 바둑 학원이 있길래 한 번 보내봤더니 바둑에 재미를 붙인 모양인지 아이는 바둑 두자는 말로 하루를 열고 닫는다. 두어 달 다녀놓고 자신이 바둑의 고수라도 된다는 듯 바둑 까막눈인 아빠에게 학원에서 배운 내용을 전수하느라 아이는 초롱초롱한 눈을 빛내며 아빠의 바둑 선생이 된다.

"으핫, 받아라. 장문이다!"

"아니야 아빠, 그렇게 두면 자충이야."

"어떠냐, 이건 몰랐지? 환격이다!"

아이는 아빠를 상대로 자신이 배운 바둑 용어를 하나씩 설명하며 제법 바둑 배운 티를 낸다. 얼마 전에는 이창호배 바둑대회에 나가 나이가 어리다는 이유 하나로 화동 역할을 하고 왔다. 이러나저러나 나이가 어린 것은 주목받는 일이다. 비록 대회 결과는 1승 3패로 5명의 유치부 참가자 가운데 4등이라는 결과를 얻었지만 생각지도 못한 1승을 거둔데 스스로 만족하고 있음이 기특하다. 그렇게 아이는 다음 대회에서는 2승을 하겠노라고 투지를 불태우며 매일 아빠를 상대로 바둑 놀이에 흠뻑 빠져있다.

이느 날 저녁 아이는 자기 나름대로 귀여운 수 싸움을 하는 듯 바둑돌을 집어 들고 무언가 골똘히 생각하더니 바둑은 꼭 술래잡기 같다며 아빠의 호기심을 자극한다. 왜 그렇게 생각하느냐는 질문에 서로 쫓고 쫓기며 잡거나 잡히지 않기 위해 애쓰는 모습이 꼭 술래잡기 같다고 답하는 아이의 말에 무릎을 친다. 아이의 눈에 바둑이란 그런 것이구나, 꼭 술래잡기와 같아서 잡거나 잡히지 않기 위해 애쓰는 것, 잡으면 이기고 잡히면 지는 것. 바둑과 술래잡기를 연결하는 아이를 바라보며 언제 이렇게 컸을까 대견한 마음에 한참을 물끄러미 바라본다. 가만히 생각하니 부모와 자식의 관계 역시 그러하다. 아이가 어린 시절에 아이는 부모를 끊임없이 쫓는다. 그것이 본능에 의한 것이건 필요에 의한 것이건 아이는 늘 부모를 바라본다. 시간이 흐름에 따라 그 쫓음의 방향은 뒤바뀐다. 아이가 나이를 먹어감에 따라 아이는 부모를 더는 쫓지 않고 부모가 아이를 바라보고 그리워하는 시간이 늘어간다.

쫓고 쫓기는 관계, 어쩌면 부모와 자식의 관계 역시 그런 것은 아닐까. 시간의 격차를 두고 우리는 어쩌면 영원히 끝내지 못할 술래잡기를 하는 것이다. 하지만 부모 자식 관계를, 단순히 쫓고 쫓기는 것만으로 설명할 수는 없다. 바둑 안에 치열한 수 싸움과 예측할 수 없는 수많은 상황이 벌어지듯 너와 나의 앞날에도 무수한 변수들이 맞물려 때로는 자기를 옥죄는 자충수를 두기도 하고 때로는 몇 수 앞을 내다보고 장문을 두어 원하는 결과를 얻기 위한 발판을 만들기 위해 애쓰기도 할 것이다. 그리고 그 기다림 끝에 짜릿한 환격으로 원하는 결실이 맺히는 날을 함께 마주하게 될지도 모른다. 바둑에 일자무식이지만 아이와 함께 이런저런 이야기를 나눌 기회가 된다는 점에서 바둑은 아이에게뿐만 아니라 나에게도 선물이 되었다. 아마 곧 내가 상대하기 어려울 만큼 아이의 실력이 늘어 더는 나를 찾지 않게 되겠지만, 그때 느낄 아쉬움은 훗날의 나에게 맡기고 지금은 오롯이 아이와 함께 나누는 대화의 즐거움을 만끽하고 싶다.

그래도 처음에는 좋았잖아

아들 아빠, 비눗방울이 안 나와.

아빠 그러게 어제까지는 나왔는데. 이런 장난감들은 오래 못 가더라고.

아들 왜?

아빠 물에 닿아서 그런 것 같은데, 어떤 장난감들은 물에 안 닿아도 금방 고장 나고 그래. 이제 이런 거 사지 말자.

아들 그래도 처음에는 좋았잖아.

 세상 좋아졌다. 비눗방울을 힘들게 불며 어지럼증을 느끼지 않아도, 건전지만 넣어주면 자동으로 비눗방울을 만들어주는 비눗방울 총(?) 이야기다. 야외에서 가지고 놀기도 좋지만 아이는 목욕탕에서 가지고 노는 것에 더 관심을 보인다. 매번 놀고 난 뒤에는 미끄러지지 않도록 목욕탕 청소를 하느라, 한 세월 땀 흘리며 물청소를 해야 하지만 아이의 해맑은 미소를 보고 있노라면 그깟 물청소가 대수인가 싶다. 그런데 이런 장난감들은 으레 며칠 못 가 고장 나기 일쑤다. 며칠 못 가 고장 날 것을 알고 있지만, 막상 고장 나서 멈춰버린 장난감을 보고 있으면 짜증이 나기도 한다. 이제 이런 장난감은 사지 말자는 말에 그래도 처음에는 좋지 않았냐고 받아치는 아이의 말에 또 할 말을 잃는다. 그래 처음에야 좋았지 뭐….

사람 사이의 관계도 그렇다. 처음에는 좋았지만, 시간이 지날수록 낡아 가는 관계, 기름칠을 해보고 건전지를 갈아 끼워봐도 잠시 움찔거릴 뿐 원래의 기능을 하지 못하는 고장 난 비눗방울 총처럼 서서히 그렇게 꼬꾸라져 버리는 관계가 있다. 심지어 그렇게 흘러갈 것이 예견되는 관계의 시작점에서 예상되는 쇠퇴를 대비하지 못하고 그저 그 생성의 순간을 가만히 바라보는 것 말고 딱히 다른 선택을 할 수 없을 때도 있다. 꿈이나 목표도 그렇다. 처음 성취했을 때는 세상을 다 가진 것 같은 희열을 누리지만 얼마 지나지 않아 그것은 새로운 권태를 빚어낸다는 것을 우리는 경험적으로 안다. 그렇다고 아무것도 하지 않고 지내자니 무언가 찜찜한 마음이 든다. 아이의 말대로 그래도 처음 그 순간만큼은 좋았던 것이 분명하다. 어쩔 수 없이 진행되는 것이 삶이 품고 있는 하나의 본질이라면, 쇠락을 두려워하는 것은 어쩌면 무의미한 행위일지도 모르겠다. 그보다는 차라리 기쁨을 오래 간직할 수 있는 방법을, 새로운 기쁨을 품고 있을 또 다른 시작들에 대하여 고민해 보는 편이 낫겠다.

선생님이랑 친구들 것을 챙겨놓으려고

아빠 아들 여기가 제주도라는 섬이야. 여행 오니까 어때?

아들 좋아.

아빠 좋았어? 그런데 어쩌지. 우리 이제 내일이면 다시 우리 집으로 돌아가야 하는데?

아들 그럼 내일 어린이집 가?

아빠 어린이집은 하룻밤 더 자고 모레 갈 거야.

아들 모레가 뭐야?

아빠 오늘의 다음 날이 내일이고 내일의 다음 날이 모레야. 오늘부터 두 밤을 자면 모레가 되는 거야.

아들 그럼 우리 젤리를 사러 가자.

아빠 그래.

(잠시 후 마트에서)

아빠 젤리 몇 개 살 거야?

아들 세 개.

아빠 왜 세 개나 사? 하나만 사도 많은데?

아들 하나는 내 거고, 하나는 선생님 거고, 하나는 친구들 줄 거야. 선생님이랑 친구들 것을 내가 미리 챙겨놓으려고.

    42개월. 개월 수에 맞는 발달 수준인지 어떤지 모르겠으나 아직 자기중심적 사고에서 벗어나지 못한 탓에 자기 것을 양보하는 데 익숙지 않은 모습을 보인다. 한 살 어린 사촌 동생과 함께 놀 때나 키즈카페에서 다른 아이들과 어울리는 모습을 지켜보면서 자신이 가지고 있던 것을 선뜻 내어주는 모습을 발견하기 어려웠다. 물론 쥐고 있던 것을 선뜻 내어줄 때도 간혹 있었지만 이미 충분히 자신이 가지고 논 뒤이거나 그다지 흥미가 없어 보이는 장난감과 간식에 한해 벌어지는 단발성 이벤트 같은 일이었다. 그랬던 아이의 입에서 여행이 끝날 무렵 이틀 뒤 만날 어린이집 선생님과 친구들을 위한 간식을 사야 한다는 말이 나올 때의 기특함은 뭉클하기까지 했다. 자신이 좋아하는 간식은 엄마 아빠에게도 절대 주지 않던 유아적 식도락에서 벗어나 다른 사람의 입까지 챙길 생각을 깨우친 순간이었다.

무한경쟁의 시대에 다른 사람의 입안에 들어있는 것마저 기어코 털어먹어야 직성이 풀리는 사람들의 모습을 우리는 이미 알고 있다. 다른 사람이라고 할 것 없이 나 역시 그런 욕심을 부릴 때가 있다. 나눠야 하는 순간에 내 몫을 더 생각하고, 누가 취할지 고민되는 순간이면 애써 젠틀한 척 양보를 하지만 그러는 동안 속에서는 뜨끈한 불덩이가 솟아오르기도 했던 경험이 있다. 이득을 못 챙기면 혹시 나에게 손실이 생길세라 그저 더 빨리 달리거나 더 나은 위치를 선점하기 위해 어떤 경제적, 사회적, 문화적 자원을 차지하고자 애썼던 기억. 그로 인해 얼마큼의 이득을 보았을지도 모르겠지만 그 뒤에는 반드시 부끄러움이 일정 부분 이자처럼 따라올 때가 많았다. 더욱 심각한 것은 나에게 아무런 손실이나 위협적인 상황이 닥치지 않는다는 것을 알면서도 욕심이 스멀스멀 느껴질 때가 있다는 것이다. 애써 이성의 도움을 받아 그런 위기의 순간을 넘기기도 하지만 그렇지 못할 때면 반드시 불어닥치고야 마는 자괴감에 몸서리를 치며 자신의 못난 모습을 받아들이지 못해 괴로워하곤 한다.

선생님과 친구들 것을 준비해야 한다는 아들의 말에 감동과 감탄을 하면서도 한편으로는 우려가 되는 것은 나의 이런 못난 모습 때문이다. 인간은 사회적 존재라는 거부하기 힘든 이론적, 경험적 틀에 근거할 때 아이의 발달은 반길 일이다. 타인을 배려하고 생각하며 이익을 나눌 줄 아는 인간은 사회적으로 바람직하며 모두가 바라는 선한 인간상과 일치하기 때문이다. 하지만 한편으로는 착하게만 굴다가 제 것을 챙기지 못하게 되는 것은 아닌가 하는 우려가 동시에 밀어닥친다. 고작 친구들의 젤리 하나를 산 것 가지고 그렇게까지 생각할 일인가 싶다가도, 배려와 양보가 몸에 밴 사람들보다 자신의 이익을 위해 예의나 도덕은 저 멀리 던져둔 채 목소리를 높이는 사람들의 승전보가 자주 들리는 현실을 생각할 때 아이에게 무엇을 더 무겁게 가르쳐야 할지 고민이 된다.

"그래도 당신 같은 사람들보다 잘 먹고, 잘 살 수 있어!"

〈강철중: 공공의 적 1-1〉에서 조폭 보스(정재영)의 아내(추귀정)는 죄를 묻는 경찰(설경구)에게 이렇게 말한다. "그래도 당신 같은 사람들보다 잘 먹고, 잘 살 수 있어!" 우리는 매스컴을 통해 이와 비슷한 언급을 얼마나 자주, 쉽게 접하는가. "너 내가 누군 줄 알아?", "너 얼마나 벌어?", 천민자본주의라는 말은 교과서에나 나오는 말인 줄 알았던 때가 있었다. 이론이 현실로 구현되는 순간은 그것이 아름답건 추하건 언제나 놀랍고 충격적인 일이다. 잘 먹고, 잘 사는 것이 인간의 최대 목적이자 유일한 목적은 아닐진대, 살다 보니 그것이 유일한 것처럼 느껴지도록 만드는 때가 참 많다. 그리고 그런 순간들은 대부분 불쾌한 감정을 유발한다. 그런 순간들이 불쾌한 이유는 내가 그것을 삶의 진리로 받아들이지 않았기 때문일 테다. 누군가는 이런 생각을 두고 당연하다고 말할 테고 또 다른 누군가는 그것은 패자들의 변명에 불과하다고 말할 수 있다.

서로의 생각이 정답이라고 우기는 상황 속에서 중요한 것은 언제나 나의 시선이 머무는 지점이다. 다만 흔들리지 않고 명확한 지점을 바라볼 수 있는 용기와 신념이 부족한 탓에 언제나 삶은 갈피를 못 잡고 흔들리기 일쑤다. 흔들리는 삶을 살아가지 않기를 바라는 마음에서 자녀에게 명확한 가치관을 심어주고 싶다는 생각이 들다가도, 나중에 그런 가치관을 심어준 부모를 원망하면 어쩌나, 혹시 내 생각이 틀린 것이면 어쩌나 하는 생각에 어떻게 살아야 하는지 말을 꺼내기가 조심스럽기만 하다. 조금씩 커가는 아이를 마주하며 서둘러 나를 바로 세워야 한다는 생각이 끊임없이 엄습해 온다. 나의 삶과 나의 신념을 바로 세워야지만 아이 앞에서 자신 있게 말할 힘이 생기기 때문이다.

  예쁜 것을 예쁘게만, 고운 것을 곱게만 바라볼 수 있다면 얼마나 좋을까. 타인을 배려하고 챙기려는 최초의 아름다운 마음과 마주하면서도 그것만을 온전히 바라볼 수 없다는 사실에 한없는 무력함을 느낀다. 다만 확실하게 말할 수 있는 것은 타인을 생각하는 아이의 모습에서 세상 어떤 것에서도 발견할 수 없었던 찬란한 아름다움을 발견할 수 있었다는 것이다. 모든 헷갈리는 것들 가운데 그 순간만큼은 확신할 수 있는 진실이었다고 자신 있게 말할 수 있다. 어쩌면 삶의 진실은 그곳에 있을지도 모르겠다는 생각을 한다.

아이의 말에서 무엇을 보고 있나요?

타인의 마음을 알아차리는 것은 불가능에 가까운 일입니다. 그래서 우리는 속이 투명한 사람과 마주할 때면 일종의 감동을 느끼기도 합니다. 그것은 드문 일이기 때문입니다. 하지만 아이는 때때로 자신의 속내를 가감 없이 드러내곤 합니다. 이는 부모에게도 아이에게도 귀중한 경험입니다. 솔직함을 표현하는 것도, 그것을 알아차리는 것도, 살아가며 드물게 겪을 일이기에 귀중한 순간이 아닐 수 없습니다.

- 아이가 숨김없이 자기 생각과 감정을 표현했던 순간을 떠올려볼까요?
- 솔직함을 드러낸 아이를 마주하며 나는 어떤 마음이었는지, 어떤 대답을 해주었는지 떠올려볼까요?

_____

_____

_____

_____

_____

_____

_____

Chapter 6

"고맙고, 고맙고, 그저 고마워."

부모의 가슴을 울리는 말

아이와의 하루하루가 소중한 이유는
그들과의 추억이 우리가 살아가는 동안
계속 생동하기 때문이다.

- 헤르만 헤세 -

가족이니까

아빠: 이 녀석은 악당인가 보다.

아들: 응. 맞아.

아빠: 동화책을 읽다 보면 악당들이 나오지? 세상에는 좋은 사람도 많지만 나쁜 사람들도 가끔 있어.

아들: 응, 나도 알아.

아빠: 엄마 아빠는 좋은 사람 같아 나쁜 사람 같아?

아들: 좋은 사람.

아빠: 왜 그렇게 생각해?

아들: 가족이니까.

자기 전에 책을 읽다가 가끔 선문답을 한다. 동화에 등장하는 악당들을 함께 바라보며 악인의 행태를 자세히 알려주고 싶은 마음에, 때로는 주인공 혹은 선인으로 등장하는 인물의 모순을 전달하고 싶은 마음에 종종 멈춤의 순간으로 돌입한다. 그때 아이와 나누는 대화가 값으로 따질 수 없을 만큼 귀하다. 왜 그런 질문을 했는지 모르겠다. 아이의 입을 통해 좋은 사람이라는 피드백을 듣고 싶었던 것은 아니었다. 답이 정해져 있는 듯한 질문이었지만 질문에 대한 대답보다는 왜 그런 대답을 했는지 아이의 생각이 궁금할 때가 많았기에, 이번에도 별다른 생각 없이 왜 엄마 아빠를 좋은 사람이라고 생각하는지 물었다. 장난감을 사주니까, 나랑 놀아주니까 정도의 대답을 예상했지만, 아이의 입에서 나온 대답은 일순간 아내와 나의 호흡마저 멈추게 했다.

"가족이니까."

간단명료한 아이의 대답에 아내와 나는 동시에 헉하는 소리를 입 밖으로 내뱉었고 몇 초간의 정적 속에서 우리는 말로는 전달할 수 없는 일체감을 느꼈다. 그 일체감은 일종의 종교적 체험과도 비슷했다. 경외와 감탄, 감사와 희열을 느끼게 해주었고 사랑과 믿음이 더욱 깊어지는 그런 순간이었다. 아이는 그런 부모의 마음을 아는지 모르는지 곁눈질을 하며 어서 빨리 다음 페이지를 읽어달라는 신호를 보냈다. 모든 것의 뿌리이자 종착지인 그것. 가족이란 그런 것이다. 인간의 모든 감정과 삶의 자세를 좌우할 수 있는 것, 과거의 모든 것이 담겨 있고 미래의 모든 것을 결정할 수 있는 것, 현재를 충실히 살아가도록 할 수도 있고 절대로 현재를 살아가지 못하게 만들 수도 있는 것, 타인을 사랑하고 감사할 줄 아는 태도를 몸에 스며들게 하거나 타인을 의심하고 부정하는 태도를 스며들게 할 수도 있는 것, 가정과 가족이란 그토록 위대하고 강력한 삶의 터전인 셈이다.

아이는 그런 삶의 터전을 긍정한 셈이다. 엄마 아빠는 좋은 사람이고 그 이유는 그저 가족이니까. 가족은 좋은 사람들이 구성하는 공동체일 것이 분명하니까. 가족이 나쁜 사람일 리 없으니까. 아이의 이 단단한 믿음에 감사한다. 아이의 말에 눈시울이 붉어지고 순간 참아내기 어려운 감정들이 북받쳐 오를 때면 잠시 숨을 고른다. 그리고 그 순간 부모는 다시 태어난다. 더 좋은 사람이 되어야겠다고, 아이 앞에 부끄럽지 않은 사람이 되어야겠노라고, 그렇게 아이의 말 한마디는 존경하는 스승의 일갈 못지않게 부모를 성숙한 인간으로 인도하는 거의 유일한 통찰을 제공한다. 길다면 길고 짧다면 짧은 인생이라는 여정 속에서 가족은 모든 것의 뿌리이자 종착지일 테니, 최선을 다해 좋은 것을 주어야 할 대상이 누구인지 더 이상 묻지 않아도 명확하다.

우리 이거 또 해보자,
이거 정말 재밌다

아빠 이제 그만하고 잘까?

아들 아빠 우리 이거 한번 또 해보자, 이거 정말 재밌다.

아빠 정말 재밌어? 그럼 딱 한 판만 더 하고 자자?

아들 응. 딱 두 판만 더 하고 자자.

아빠 응? 딱 한 판~ 아빠 너무 졸린데.

아들 그래 좋아. 딱 한 판만 더 하자. 이거 정말 재밌어.

아들은 보드게임을 좋아한다. 놀이는 그 자체로 즐거운 것이라 어떤 목적을 띠게 되는 순간, 놀이가 아닌 것이 되어버리기 때문에 규칙을 이해하지 못하거나 규칙과 전혀 다른 엉뚱한 방식으로 게임이 진행되더라도 그저 흘러가는 대로 함께 놀았다. 그런데 보드게임으로 아이와 함께 놀다 보니 처음 생각했던 인지적 차원의 발달보다 예상치 못했던 정서적 차원의 발달이 진행되는 것이 보였다.

　게임의 요소는 여러 가지가 있겠으나 가장 필요한 조건은 승패가 결정된다는 것이다. 게임을 하다 보면 필연적으로 승자와 패자가 나뉜다. 승리를 위해, 패배하지 않기 위해 게임에 집중하는 과정에서 아이는 여러 가지 정서적 경험을 한다. 게임이 끝날 때까지 이기고 싶은 마음을 바탕으로 조마조마한 긴장감을, 상대방이 잘하는지 못하는지 관찰할 수밖에 없기에 필수적으로 수반되는 집중력과 관찰력, 상대방이 실수했을 때는 내가 게임에 유리해졌다는 환희와 안도감을, 반대로 내가 실수를 했을 때는 좌절과 안타까움을, 그렇게 짧거나 혹은 긴 시간의 경기 이후에 결국 승리를 거머쥐었을 때 느낄 수 있는 기쁨의 쾌감을, 반대로 패배를 했을 때 느낄 수 있는 슬픔과 비애의 마음을.

　아이가 느끼는 감정의 진폭은 어른들이 느끼는 그것과 다르다. 모든 것이 생경한 어린아이들에게 다양한 감정의 경험은 감당하기 힘든 파도처럼 자신을 압도하는 거대한 압력으로 다가온다. 그래서 기쁠 때는 일어나서 박수 치며 춤을 추고, 슬플 때는 눈물을 뚝뚝 떨어뜨리며 통곡을 한다. 어른의 눈으로 바라볼 때는 별것 아닌 일들이 아이들에게는 일생일대의 거대한 일인 셈이다. 보드게임은 여러 감정을 짧은 시간에 느끼기 좋은 교구다. 게임의 전 과정에서 아이들은 웃다가 울고, 짜증을 내다가 기뻐하고, 조급해하다가 여유로워진다. 여러 형태의 감정을 경험하는 일은 중요하다. 그것은 이해의 폭을 넓히는 일이기 때문이다. 아니 단순히 이해의 폭을 넓히기 위한 과정이라고 하기엔 무언가 부족하다. 감정을 경험한다는 것은 모든 발달의 시작점인 동시에 종착역인 까닭이다.

우리는 경험한 만큼 이해할 수 있고 느껴본 만큼 살아갈 수 있다. 그렇기에 어린 시절 폭풍 같은 감성의 경험은 중요하다. 삶의 저변을 넓히는 과정이기 때문이다. 더욱이 감정적 경험은 어린 시절에만 중요한 것이 아니다. 나이를 먹으면 먹을수록 결국 감정적인 것, 감성적인 것에 이끌리게 된다. 고향을 그리워하고, 내 마음을 어루만져주는 것에 끌리고, 음악을 듣고, 미술작품을 감상하고, 영화를 보고, 여행을 가는 이런 모든 행위는 결국 내 감정을 매만지는 일이다. 나를 알아간다는 것은 무엇을 뜻하는가. 내가 무엇을 좋아하고 싫어하는지, 언제 기쁘고 슬픈지, 결국 내 감정과 마음을 살피는 일이다. 모든 앎을 위한 행위의 끝은 결국 마음과 맞닿아 있다.

"이거 정말 재미있다."

대견했다. 스스로 기뻐할 줄 아는 모습이. 딱 한 번만 더하자고 조르는 모습에 피곤하여 눈이 감기면서도 응할 수밖에 없는 이유는, 기쁨을 찾는 모습이 실망과 서운함으로 바뀌도록 놔둘 자신이 없어서였다. 빛나는 눈빛은 좌절을 겪을수록 점점 탁해져 간다. 나이를 먹을수록 눈빛이 탁해져 가는 것을 막을 수는 없다고들 이야기하지만, 아이의 눈빛이 변하는 이유가 나 때문이라면 그 얼마나 슬픈 일인가. 무언가에 대한 흥미는 영원할 수 없을 테지만, 잠시라도 함께 눈빛을 빛내며 시간을 보낼 수 있음에 감사한다. 오 년 뒤에도 십 년 뒤에도, 아니 평생토록 "아빠 이거 정말 재밌다. 한 번 더 하자."라는 말을 듣고 싶다고 한다면 욕심일까. 아이의 미소를 바라보며 행복한 욕심을 부려본다.

가을이 집에 몰려오는 것 같애

아들 시원하다~

아빠 그치, 오늘 저녁 바람이 정말 시원하다.

아들 꼭 가을이 집에 몰려오는 것 같애.

 흐르는 시간 속에 완만하게 바뀌어 가는 것들이 있고, 어제까지 내 곁에 있던 사람이 오늘부터 갑자기 함께할 수 없는 존재로 바뀌는 것처럼 갑작스러운 일도 있다. 계절의 변화는 후자에 가깝다. 어느 날 갑자기 코를 지나 폐 깊숙한 곳에서 어제와 달라진 공기가 느껴질 때 계절이 바뀌었음을 체감한다. 그런 날이었다. 어제저녁과는 사뭇 달라진 공기가 숨을 쉴 때마다 내 가슴 깊은 곳을 시원하게 쓸어내리는 것이 느껴지던 날. 후텁지근한 열기를 머금어 축축하고 무거웠던 대기에서 습기와 열기가 빠져나간 이후의 대기는, 내 목덜미와 온몸의 피부 위로 그 가볍고 상쾌해진 공기의 질감을 전하고 있었다.

 변화를 느낀다는 것은 그 종류에 따라 행복하기도, 불행하기도 한 일일 테지만 이런 경우에는 행복을 느낀다. 여름과 겨울은 자극적인 계절이어서 좋기도 하지만 자극적인 것은 그것이 자극적이기 때문에 오래 유지하기가 힘에 부친다. 그래서 여름 이후에 슬며시 다가오는 가을이나, 겨울이 지나고 포근하게 나타나는 봄은 차분한 반가움을 가져다준다. 아이는 어떤 마음을 품고 그런 말을 했을까. 계절을 인식할 수 있게 되었다는 것, 그것들 사이에 순서가 있고 변화를 나타내는 징후를 알아차릴 수 있게 되었다는 것에 놀란다. 시원한 바람을 함께 맞으며 가을이 왔다는 것을 실감하고 있을 때 아이의 입에서 가을이 집에 몰려온다는 말을 듣고 있자니 그와 내가 같은 생각을 하고 있다는 것, 같은 것을 느끼고 있다는 것이 새삼 신기하게 느껴진다. 참 귀한 시간을 보내고 있구나. 네가 계절의 변화를 알아차리듯이 나는 너의 변화를 매일 알아차리고 있으니, 무감각한 하루와 하루 사이에서 매일 새로움을 안겨주는 너는 고마운 존재일 수밖에 없다. 자신과 타인의 변화를 알아차릴 수 있는 사람이 되기를, 끊임없이 변화를 추구하는 사람으로 살아가기를. 참 많은 것을 자꾸 바라기만 해서 때로는 미안한 마음이 들기도 한다.

너무나 커다란 감정과 마주할 때, 우리는 차마 그 감정을 표현하는 말을 내뱉지 못하게 된다. 눈물이 터질 것 같은 충만한 사랑을 표현하고 싶을 때 차마 사랑한다는 말을 하지 못하고 삼키는 일이나, 죽을 것처럼 고통스러운 일을 겪을 때 차마 괴롭고 아프다고 말하지 못하고 가슴이나 벽을 칠 수밖에 없는 이유는, 그런 표현들로 내 마음을 표현하기에 턱없는 부족함을 느끼기 때문이다. 자식을 사랑하는 일은 그런 종류의 마음을 품고 살아가는 것이다. 너무나 사랑스러운 마음에 매일 사랑한다는 말을 하지만 그것만으로 부족하여 온 힘을 다해 껴안고 입술을 갖다 대 본다. 어떻게 해서든 나의 이 마음을 오롯이 전하고 싶은 간절함에 입의 언어, 몸의 언어로 최선을 다해 보아도 내 마음을 온전히 표현해 내기는 어렵다.

영혼을 가진 두 존재 사이에 영원한 사랑은 없다고들 하지만 부모가 자식을 사랑하는 마음만큼은 영원할 수 있을 것 같다는 생각이 든다. 그것이 비록 일방적인 사랑이라고 할지라도, 응답이 없는 사랑이라고 할지라도 사랑을 할 수 있다는 것은 그 자체로 커다란 축복이라는 것을 안다. 다시는 돌아오지 않을 이 순간 너와 나누는 모든 대화가 어쩌면 내 인생에 있어 가장 황홀한 순간일지 모르겠다는 생각을 한다.

아이스크림보다 엄마가 더 좋아

아들 엄마, 엄마, 이리 와봐. 내가 퍼즐 다 했어.

엄마 우와 어떻게 이걸 다 맞췄어? 대단하다.

아들 엄마한테 보여주려고.

엄마 그랬구나~ 엄마한테 보여주려고 열심히 맞췄구나. 고마워.

아들 응. 나 힘들었으니까 아이스크림 하나 먹어도 돼?

엄마 그래. 하나만 먹을까? 아들은 어떤 아이스크림이 좋아?

아들 젤리 아이스크림, 구슬 아이스크림, 죠스바 아이스크림.

엄마 그렇구나~

아들 그런데 그거보다 나는 엄마가 더 좋아.

아이에게는 울다가도 눈물을 그치게 만드는 마성의 힘을 가진 것이 아이스크림이다. 그런 아이스크림보다 엄마가 더 좋다고 나지막이 속삭이며 엄마의 목을 두 손으로 꼭 끌어안는 아이의 모습을 바라보며 순백의 천사가 존재한다면 이런 느낌이 아닐까 하는 생각을 한다. 엄마에게 칭찬받기 위해 열과 성을 다해 퍼즐을 맞추던 조그마한 두 손과 가장 좋아하는 간식인 아이스크림보다 엄마가 더 좋다고 말하는 아이의 두 입술을 바라보며 인간은 본래 악한 존재라고 생각해왔던 믿음마저 흔들릴 정도로 인간의 순수함과 선함에 대해 다시 한번 생각하게 된다.

퍼즐을 하나씩 주워 이곳이 맞는지 저곳이 맞는지 요리조리 돌려가며 제자리를 찾는 아이의 모습이 대견하다. 쉽사리 제자리를 찾아내지 못해 짜증 섞인 고함을 지르다가도 금세 감정을 추스르고 다시 도전하는 모습이 아름답다. 그렇게 원래의 자리에 꼭 맞는 퍼즐을 끼워 넣은 뒤 보일락 말락 하게 아주 잠시 스쳐 지나가는 만족스러운 듯한 엷은 미소는 무엇과도 바꿀 수 없는 찰나의 기쁨을 선물한다. 꽤 오랜 시간 하나의 행위에 집중하는 모습이 적잖이 듬직하게 느껴진다. 그렇게 완성된 자신의 결과물을 가지고 와 칭찬을 바라는 듯 두 눈을 빛내며 부모를 바라보는 아이는 어여쁘다. 그렇게 수고로운 작업 끝에 보상으로 얻게 된 아이스크림을 향해 달려가는 아이의 뒷모습이 사랑스럽다. 어떤 아이스크림을 먹을지 고민하고 자신 있게 답을 내어놓는 아이의 모습 또한 자신의 취향을 정립해 나가는 과정이라 생각하니 기특하다.

그렇게 고민하여 고른 소중한 아이스크림보다 엄마가 더 좋다며 품에 안기는 아이의 온기는, 한겨울 매서운 칼바람을 맞고 집에 돌아와 따듯한 물로 샤워를 할 때의 평온하고 행복에 젖은 노곤함보다 훨씬 더 포근하고, 따듯하고, 감사한 마음을 불러일으킨다. 아이의 말과 행동은 사랑 그 자체다. 사랑하는 마음을 주체할 수 없어 가끔 주책스럽게 눈가가 촉촉해지고 코끝이 찡해지기도 한다. 사랑할 수밖에 없다. 그 사랑을 건네주지 않고서는 넘치는 무게를 버티기 힘들어 덜어주고 덜어내도 매일 새로운 사랑이 솟아오른다.

장난감을 가지고 놀다가, 누워서 유튜브를 보다가, 책을 읽다가, 엄마가 좋다며 갑작스레 고백하는 아이의 한마디 말에 엄마는 세상 모든 감동을 다 받은 것 같은 격정에 휩싸이고 만다. 갓난쟁이일 때는 먹이고 입히고 재우는 모든 것이 그저 힘들어서 예쁘기는 하지만 어서 좀 컸으면 좋겠다는 마음이 동시에 들었던 것도 사실이다. 하지만 언제까지 이런 귀한 선물을 받을 수 있을까 생각하니 아이가 커가는 시간이 아깝게 느껴진다는 말에 이제 조금 공감이 된다. 불행할 때에는 시간이 빨리 흐르길 바라고 행복할 때는 시간이 천천히 흐르길 바란다는 말에 비춰 본다면, 지금 우리는 행복한 시간을 살고 있음이 분명하다.

엄마 아빠를 지켜주려고

아들   난 지구를 지키는 정의에 용사 경찰 특공대다.

아빠   난 지구를 부수러 온 악당 괴물이다.

아들   이얍, 공격! 미사일 발사!

아빠   아들! 그런데 아들은 왜 악당은 안 하고 용사만 하려고 해?

아들   엄마 아빠를 지켜주려고.

남자아이들이 으레 그러하듯 정의의 용사 놀이에 푹 빠져 저녁마다 아빠는 각종 괴물이 된다. 어떤 날은 아이스크림 괴물이 되어 아들의 공격을 받아 녹아내리기도 하고 또 어떤 날은 용 괴물이 되어 불을 내뿜느라 목에서 쉰 소리가 나기도 한다. 그렇게 놀다 지치면 바위 괴물이 되어 가만히 누워서 움직이지 않고 눈을 감은 채 아들의 공격을 묵묵히 받아낸다. 아들에겐 미안하지만, 점점 바위 괴물로 변하는 횟수가 늘어나고 있다.

아이는 왜 엄마 아빠를 지켜준다고 말했을까. 엄마 아빠가 지켜줘야 할 만큼 나약한 존재로 아이의 눈에 비치고 있기 때문일까? 그보다는 아마 그저 사랑하는 대상을 소중히 여기고 싶은 마음 때문이리라. 무언가를 해주고 싶은 마음. 그것이 바로 사랑의 진짜 모습이니까. 재물이건 마음이건 사랑이건 미성숙한 사람들은 그저 받는 것에만 익숙하다. 나를 잘 챙겨주는 사람, 나만 바라봐 주는 사람, 나에게 호의를 베푸는 사람에게 마음이 기우는 것은 자연스러운 일이지만 그것만이 사랑의 전부라고 생각하는 것은 사랑을 제대로 바라보지 못한 채 살아가는 반쪽짜리 삶에 불과하다.

사랑을 받으려고만 하는 것은 미성숙함의 발현이다. 그래서 자신의 미성숙함을 뒤늦게나마 깨닫게 된 사람들은 자신의 미숙함을 후회하며 부끄러워한다. 이십 대의 내가 그랬다. 나를 찾아주는 사람, 나를 좋다고 하는 사람들을 쉬이 좋아했고 나에게 마음을 내어주지 않는 사람들을 멀리했다. 그것은 손쉽고 효율적인 관계 맺음의 방식이었을지는 몰라도 한편으로는 진짜 기쁨을 느껴본 적 없는 사람의 반쪽짜리 관계 맺음에 불과했다. 정말로 좋아하는 사람에게는 무엇을 받아야 기쁠지, 왜 나에게 마음을 주지 않는지 고민하고 서운해할 틈이 없다. 온 마음이 그저, 주고 싶은 생각으로 가득 차 있을 뿐인데 받으려는 마음이 비집고 들어올 자리가 있을 리 없다.

그런 두 사람, 사랑할 줄 아는 사람과 사랑할 줄 아는 사람이 만나서 하는 것이 완벽에 가까운 사랑 아닐까. 아이를 통해 배운다. 주는 것이 진짜 기쁨을 가져다준다는 것을. 엄마 아빠를 지켜주고 싶다는 아이의 순수하고도 완벽한 사랑에 가까운 마음은 부모가 자식을 바라보는 마음과 맞닿아 있다. 눈에 넣어도 아프지 않다는 말이 거짓이 아님을 깨닫게 되는데 서른 해가 넘는 시간이 걸렸다. 한 사람이 오고 하나의 세계가 온다. 한 사람이 가고 하나의 세계가 사라진다. 모든 사람이 한 사람이 될 수는 없다. 인생을 살며 그런 한두 사람을 만나는 것은 천운이 필요한 일이다. 우리가 늘 우리의 시야로 세상을 바라볼 수밖에 없는 이유는 우리의 삶에 그런 기쁨을 가져다주는 한 사람이 많지 않기 때문이다. 자식은 그 한 사람이 될 가능성이 가장 높은 타인이다. 그래서 아이는 부모를 성숙하게 한다. 아니 성숙할 기회를 준다. 아이가 왔다. 아이의 눈으로 세상을 바라본다. 그것은 곧 밀도 높게 타인의 입장이 되어본다는 뜻이며 성숙으로 가는 한 발자국을 내딛는 일이다. 한 사람이 온다는 것은 그래서 위대하고 의미 있는 일이다. 그렇기에 나에게 소중한 의미가 있는 한 사람이 간다는 것은 그 사람의 시선으로 세상을 바라볼 기회의 소멸을 뜻한다. 그것은 곧 한 세계가 사라지는 것. 나는 지금 몇 개의 눈으로 세상을 바라보며 살아가고 있을까.

저녁이 되면
가족들이 집에 모이잖아

아들 아빠 지금이 저녁이야?

아빠 그러네, 이제 저녁이네.

아들 신난다.

아빠 왜?

아들 저녁이 되면 가족들이 집에 모이잖아.

 퇴근 후 처가에서 아이를 데리고 집으로 가는 길이었다. 어슴푸레한 하늘을 말없이 잠시 바라보더니 아이는 저녁이 되고 있느냐고 물어왔다. 이미 몇 번 반복적으로 물어온 질문인 탓에 나 또한 아무런 생각 없이 반복적으로 같은 답을 내어놓았다. 이렇게 푸르스름한 색은 저녁이고 완전히 캄캄해지는 것이 밤이라고. 아이는 현상에 대한 이해가 끝나면 자기 생각을 덧붙이곤 했다. "하늘에 떠 있는 저 하얀 것이 구름이야."라는 현상이 이해된 뒤에는 "저 구름 꼭 솜사탕 같다, 아빠랑 동물원에서 먹었어."와 같은 말을 곁들이는 식이다. 이번에도 마찬가지로 아침과 낮, 저녁과 밤이라는 시간적 흐름과 변화하는 현상에 대한 이해가 완벽히 종결되었는지 아이는 저녁이라는 현상에 자신의 감상을 녹여낸다. 그리고 그 감상은 나의 마음까지 녹여낸다.

나는 어린 시절 저녁이 되는 것이 싫었다. 가족이 집에 모였기 때문이다. 밖에 나와 있는 것이 신나는 일이었고, 밖에 나가 있는 것이 고통을 피하는 일이었으며, 밖에 있는 것이 안정을 도모하는 일이었기 때문이다. 그런 연유로 어린 시절의 나는 꿈이 무엇이냐는 질문에 늘 "행복한 가정을 일구는 일."이라고 답했다. 그리고 오늘, 아이를 통해 오래도록 품어왔던 꿈을 이뤘다. 저녁이 되면 가족들이 집에 모이기 때문에 신난다는 아이의 말을 듣고 하마터면 눈물이 날 뻔했다. 너에게는 그것이 신나는 일이 되었구나. 감사하고 다행인 일이다. 나에게는 삶의 보상이자 너에게는 삶의 토대가 될 일을 우리는 오늘 함께 목격한 셈이다. 너는 기억하지 못하겠지만 나에게는 커다란 사건이었다.

아이는 내 삶의 증인이자 무엇보다 강력한 동력이 된다. 아이의 입을 통해 내가 잘 살아왔다는 것을 확인받는 순간만큼 충만한 기쁨을 느끼는 순간은 없다. 가장 가까이에서 가장 많은 면을 두루 살펴온 사람의 목격담이기 때문이다. 자식의 증언에 거짓이 있을 수 없다. 그리고 보니 자식은 가장 진실한 증인이자 동시에 가장 냉혹한 검사이며 가장 올바른 판사이기도 한 셈이다. 그런 존재에게 받는 인정은 무엇과도 바꿀 수 없다. 타인의 인정으로부터 자유로워져야 한다고 하지만 지금 이 순간만큼은 인정의 욕구가 가득 채워짐을 느낀다. 가장 의미 있는 타인인 가족은 그래서 늘 서로를 인정해 주어야 한다. 가족으로부터 두터운 인정의 방패를 수여 받은 사람은 삶을 마주함에 두려울 것이 없기 때문이다.

나랑 제일 친한 친구는 아빠야

아빠 유치원에 재밌는 친구들 많아?

아들 응.

아빠 오늘은 누구랑 재미있게 놀았어?

아들 ○○이가 웃긴 춤을 춰서 재밌었어.

아빠 아들도 같이 춤췄어?

아들 응. 같이 췄어.

아빠 재밌었겠다. 아들이랑 제일 친한 친구는 누구야?

아들 나랑 제일 친한 친구는 아빠야.

무뚝뚝한 아버지를 둔 아들들이 그러하듯 나 역시 자식에게 친구 같은 아빠가 되어주고 싶었다. 오래도록 꿈꿔왔던 일이 막상 실현되는 순간에는 그것이 마치 비현실적인 상황처럼 느껴진다. 그렇게 바라 마지않았던 일이 아이의 입을 통해 현실화되었을 당시에 이것이 꿈인가 생시인가 혼란스러워 잠시 멍한 상태가 되고 만다. 그토록 되어주고 싶었던 친구 같은 아빠라는 타이틀을 다른 사람도 아닌 자녀에게 직접 인정받았을 때의 기쁨은 강렬했다. 그것은 생을 통틀어 기억에 남을만한 순간으로 손꼽을 만큼 몇 안 되는 결정적 순간들 가운데 하나로 각인되었다. 사람의 말 한마디에 이토록 강력한 힘이 깃들 수 있을까. 찬탄, 인정, 후회, 안도. 온갖 종류의 감정들이 아이의 한마디 말과 함께 귀에서 가슴으로 쏟아져 내린다. 그렇게 흘러내린 감정은 폭포처럼 흐르고 부수어져 손가락 끝까지 잘게 잘게 전달된다. 두 귀에서 심장으로, 심장에서 손끝으로 전달되는 짜릿함은 금세 저릿함으로 변한다. 나의 말과 행동에 영향을 받을 아이와 아이의 말과 행동에 영향을 받을 나를 생각하니 그 공명의 무게감이 실로 체감되는 듯하여 두 어깨가 실제로 짓눌리는 듯한 느낌마저 든다.

나랑 제일 친한 친구는 아빠라는 아이의 한마디 말은 세상에서 가장 가볍고 산뜻한 기쁨과 동시에 세상에서 가장 무겁고 버거운 책임을 느끼게 한다. 가장 사랑했던 존재가 가장 미워지는 일은 결코 어려운 일이 아니다. 가장 친근한 존재가 가장 어색한 존재로 변모하는 일도 어려운 일이 아니다. 아이와 부모의 관계 역시 그 테두리 안에 있다. 모든 관계가 그렇다. 가까워지기 위해서는 만겹의 시간이 필요하지만 멀어지는 데에는 찰

나의 순간이면 충분하다. 이 소중한 관계를, 이 소중한 마음을 오래도록 유지하기 위해 할 수 있는 일은 무엇일까. 변치 않음을 바라는 것이 부질없다는 것을 알면서도 아이의 마음만큼은 변치 않기를 바란다. 그것이 설령 불가능해 보이는 일이라고 할지라도 부모는 어쩔 도리가 없다. 자식에 관해서라면 늘 그렇게 희망만을 바라볼 수밖에 없는 존재가 바로 부모인 탓이다.

1월이 되면 안 되겠다

아들 엄마~ 손가락에서 왜 뚝뚝 소리가 나?

엄마 엄마가 나이 먹어서 그래. 관절염인가 봐.

아들 그럼 1월 되면 안 되겠다.

엄마 왜?

아들 엄마 나이 먹지 말라고.

앉았다 일어날 때 가끔 뼈마디에서 뚝뚝 소리가 나는 것이 나이 듦의 증거가 될 수 있을지는 모르겠으나 어찌 되었건 이전에는 느낄 수 없었던 신체의 변화를 느낀다는 것은 어떤 방식으로든 신체가 낡아가고 있음을 인지하게 만든다. 아직 나이 듦을 논할 만큼 나이가 많지는 않지만, 아이의 한마디 말에 나이 듦을 생각해 본다. 1월이 되면 한 살 더 먹어서 형이 될 수 있다는 말을 하며 아이는 늘 1월을 기다린다. 1월이 생일인 탓에 1월을 기다리는 아이의 마음은 더욱 부풀어 오른다. 그렇게 아이에게 1월은 오매

불망 남편을 기다리는 망부석의 마음처럼 머리에서 쉬이 잊히지 않고 자꾸만 떠올리게 되는 기다림의 대상이다. 그렇게 애태우며 기다리던 대상을 오지 말라고 말하는 까닭은 자신이 나이를 먹음과 동시에 엄마도 나이를 먹게 된다는 것을 어느 순간 깨닫게 되었기 때문이리라. 엄마가 나이 먹지 않길 바라는 마음의 근원은 무엇이었을까. 어렴풋하게나마 아이는 노화와 죽음, 이별의 관계성을 느끼고 있는 것은 아니었을까.

나이를 먹으면 할머니가 돼?
늙으면 사람이 죽어?
죽으면 어떻게 돼?
아빠랑 엄마는 이백 살까지 살아.

아이와 놀다가 문득 아이의 입에서 저런 말들이 튀어나올 때면 무어라 답을 해야 좋을지 몰라 적당한 선에서 에둘러버리고 말까 싶다가도 흐릿하고 잘못된 개념으로 친구들 사이에서 다툼이 생기면 어쩌나 싶은 마음에 최대한 알아듣기 쉬운 말로 가볍게 나이 듦과 죽음에 대한 정보를 전달한다. 슬픈 일이 아니라는 것. 지나치게 무겁거나 연민의 감정을 느낄 필요가 없다는 것을 강조한다. 그것은 그저 밥을 먹고 똥을 싸고 잠을 자듯 당연하게 일어나는 일이며 언젠가 반드시 누구에게나 일어날 일이라는 것. 아직 그 시기는 저 멀리 있으며 아이가 충분히 자랄 때까지 분명히 너의 곁에 부모가 든든하게 버티고 서 있을 것이라는 사실을 알리며 그래서 우리는 함께 있을 때 즐겁고 행복하게 지내왔고, 지내는 것임을, 그리고 앞으로도 그렇게 행복하게 지낼 것임을, 다시 한번 아이의 눈에 속삭인다. 앞으로 수십 번의 1월을 맞이하며 우리는 여전히 같은 고민과 걱정을 하게 되겠지만, 그 걱정의 무게는 나날이 무거워지겠지만, 그렇기에 우리가 지금 누리고 있는 행복과 기쁨의 농도 역시 더욱 진해진다는 것을 깨달을 수 있음에 감사해야 한다. 그렇게 오늘도 소리 내어 웃고, 서로의 얼굴을 바라보며, 마음을 담은 이야기를 나눌 수 있었음에 감사한다.

아빠한테 다 배웠어

아빠 와~ 아이스크림 하나를 다 먹었네. 많이 더웠어?

아들 응. 목말랐어.

아빠 아이스크림 잘 먹는 것처럼 밥도 골고루 잘 먹어야 돼.

아들 응, 골고루 먹어야 키도 크고 몸이 튼튼해져.

아빠 맞아.

아들 그리고 병원도 안 가고 힘도 세져.

아빠 이야~ 잘 알고 있네. 그런 건 어떻게 알게 됐어?

아들 아빠한테 다 배웠어.

'덕분'과 '때문'은 그 앞에 나올 단어에 의존해야만 쓰임새를 발휘할 수 있는 탓에 형식적으로는 유사함이 있다고 볼 수도 있겠으나 그 의미가 지향하는 지점이 전혀 달라 가용되는 맥락은 완전히 다르다. 각각의 단어 앞에 "너"라는 단어를 배치해 보자. "네 덕분에"와 "너 때문에"는 완전히 다른 의미를 발산한다. 전자는 감사함을 지향하지만, 후자는 원색적인 원망과 비난을 목적으로 한다. 아이의 입에서 나온 "다 아빠한테 배웠다."라는 말을 듣고 감사함을 느낀 이유는 아이의 말이 차가움이 아닌 따듯함을 향하고 있기 때문이다. 밥을 잘 먹어야 여러모로 긍정적인 효과가 발생한다는 것은 부모뿐 아니라 교육기관, 미디어를 통해 귀에 딱지가 앉도록 들어왔을 말일 테다. 아직 어려서 그런지는 몰라도 아이는 자신이 알고 있는 좋은 것들을 실행하려 노력하는 편이다. 골고루 먹어야 한다고 하면 먹기 싫은 음식도 먹어보려 애쓰고 빨간불에 건너면 안 된다는 말을 철석같이 믿고 있기에 빨간불에 길을 건너는 사람을 볼 때면 큰일이라도 난 것처럼 "어? 어? 어?"를 외친다.

자신이 올바르다고 알고 있는 것의 기원이 아빠라고 말해주는 아이의 따듯함에 세상을 다 가진 듯 마음이 들뜬다. 아이의 말 한마디에 이토록 마음이 부풀어 오를 수 있다는 사실에 새삼 아이가 삶에서 차지하는 비중과 무게감을 느낀다. 늘 그렇게 서로에게 고마운 마음을 전하고 기쁨을 느낄 수 있는 관계로 남아있을 수 있기를, '때문'보다는 '덕분'을 더 자주 주고받을 수 있기를, 아이의 작은 입에서 나오는 한마디의 말을 마주하며 그렇게 감사와 기대를 품는다.

나는 뚱뚱한 뚱이 아빠가 좋아

아빠 아들! 아빠 운동하고 올게.

아들 오늘은 운동하지 말고 나랑 놀자.

아빠 안돼. 아빠 다이어트 해야 돼. 각자 할 일 하고 만나서 놀자. 할 일 먼저 끝내고 노는 사람이 멋진 사람이야.

아들 알았어. 근데 나는 뚱뚱한 뚱이 아빠가 좋아.

〈스펀지밥〉에 나오는 캐릭터 뚱이가 마음에 들었는지 아이는 나를 가리켜 뚱이라 부른다. 아빠를 놀리는 것에 재미 들린 아이는 본인이 생각하기에 웃긴 캐릭터를 알게 되면 모조리 그건 아빠 같다며 깔깔댄다. 아빠는 잠만보야, 아빠는 고라파덕이야, 아빠는 야도란이야, 아빠는 뚱이야. 웃긴 캐릭터에 아빠를 대입시켜 장난치는 것이 재미있어서 그런 것인지 캐릭터 자체가 웃겨서 그런 것인지 아이는 캐릭터의 이름을 말할 때마다 웃음을 참지 못하고 키득거린다. 그랬던 아이가 갑자기 정색하며 자기는 아빠가 뚱뚱해도 좋단다. 단순히 아빠의 운동가는 길을 막아 함께 놀고 싶은 마음에서 나온 말일 수도 있었겠지만, 그 순간 있는 그대로의 나를 인정받은 것처럼 충만한 기쁨을 느낀다.

인간이라면 인정욕구가 생성되는 것을 막을 수 없다. 자기 자신을 인정하거나 타자로부터 인정받거나, 결국 인간은 그 양측의 인정욕구를 적당히 조율해 가며 살아가는 동물이다. 불교에서는 해탈을 위해 무아의 경지에 도달하는 것이 인간이 추구해야 할 궁극의 경지라 말한다. 인생은 고통의 바다이고 고통은 나로부터 비롯되므로, 나라는 존재 자체를 나의 인식에서 제거해야 하는 무아의 경지는 스스로를 인정해야지만 진정으로 행복해질 수 있다는 현대의 행복 논리에 반한다. 스스로를 인정하기 위해서는 강력한 자기 인식이 필요한 탓이다. 아이의 말 한마디에 인정받은 듯한 기분을 느끼는 나는 무아의 경지에 도달하기엔 틀렸다. 자식의 인정이라는 가장 강력한 외부의 인정을 내 안으로 들여와 자기 인식을 강화하기 때문이다.

자녀는 가장 냉혹하고 강력한 평가 기준을 들이미는 채점관이다. 그런 자녀로부터 인정받는다는 것은 최고 수준의 인정욕구를 충족시키는 일이다. 자녀를 키우는 사람이 인정욕구로부터 해방되는 일은 그래서 몹시 힘든 일이다. 너만큼은 내 삶을 알아줬으면 좋겠다는 마음이 부지불식간에 의식을 지배하기 때문이다. 그런 이유로 부처가 되는 일은 글렀으나 한 아이 앞에 실존하는 일은 가능해진다. 나도 그렇게 아이를 대하기로 다짐해 본다. 성에 차지 않는 말과 행동을 하더라도, 결점투성이인 것처럼 보일지라도, 부모 마음에 생채기를 내더라도 그저 존재 그 자체로 인식하기로. 아니 이는 사실 다짐이 필요 없는 일이다. 부모는 본디 그럴 수밖에 없는 존재인 탓이다.

내가 그런 거 안 해도
아빠는 조립해 줘

아들 부서졌어….

엄마 괜찮아. 다시 조립해 보자.

아들 안돼…. 어려워, 엄마가 해줘.

엄마 아빠한테 해달라고 해볼까?

아들 응!

엄마 아빠한테 가서 '아빠~ 사랑해~ 조립 좀 도와줘~'라고 말해봐. 그럼 아빠가 와서 도와줄 거야.

아들 내가 그런 거 안 해도 아빠는 조립해 줘.

무한한 신뢰. 내가 어떤 보상을 준비해두지 않아도 무조건 나를 도와주리라는 무한한 믿음. 자식이 나에게 그런 마음을 품고 있다는 것은 기쁜 일이다. 믿음, 대한민국은 서로를 믿지 못하는 세상 속에서 살고 있다. 온갖 갈등의 근본 원인은 믿음의 부재 때문이다. 남한과 북한이 서로 믿지 못하고 정치인과 대중이 서로를 믿지 못한다. 믿음에 대한 개인의 노력은 거대한 덩어리 형태의 이미지 속에서 힘을 발휘하기 어렵다. 남녀가 서로 불신하고 청년과 노년이 서로를 힐난하며 교사와 학부모는 서로를 두려워한다. 하나의 거대한 시대적 흐름이 되어버린 듯한 착각이 들 정도로 불신은 다양한 형태로 확장 전파되며 점점 더 강퍅한 인간을 생성하는데 열과 성을 다한다.

그런 세상 속에서 간혹 가뭄에 단비처럼 어떤 믿음을 보여주는 사람들이 있다. 무엇이든 잘 해낼 거라고, 그동안 충분히 잘 해왔노라고, 자신의 믿음에 의문을 품지 말라고, 내 삶의 지표를 응원하고 내 삶의 방식을 다듬으려 하지 않는 그들은 무해하며 선량하다. 때로는 그러한 태도가 포교 활동이나 영업 활동처럼 명확한 목적의식 아래에서 집행되는 것을 목도할 때 불신에 대한 무의식적 반응이 더욱 민감하게 세팅되는 것을 느끼기도 하지만 아주 가끔 정말로 순수한 믿음 그 자체를 건네려는 무모한 인간을 마주하기도 한다.

그 대표적인 인물이 바로 자식이다. 자식은 무한히 온정적인 눈빛으로 부모를 바라본다. 믿고, 용서하고, 따르고, 이끈다. 그네들을 두고 부모가 마치 천사 같다고 말하는 이유는 아이들이 그저 귀엽고 어여쁘기 때문만은 아니다. 가끔 진실로 천사가 현현한 것은 아닌가 싶은 착각이 들 때가 있다. 그리고 그들이 부모에게 베푸는 진심 어린 사랑과 믿음의 마음, 그리고 그것이 부모에게 끼치는 선한 영향을 생각해 볼 때 이들은 정말 천사의 역할을 수행 중인지도 모른다는 기분이 든다.

부모에 대한 자녀의 무한한 믿음과 자녀에 대한 부모의 무한한 믿음이 서로 공명하며 자식과 부모는 가장 완전한 인류 공동체의 초석을 빚어낸다. 가정이 무너지는 세계의 사회가 무너지는 것은 그래서 당연한 일일 수밖에 없다. 우리 사회의 다양한 불협화음과 도를 넘어서는 갈등은 이미 가정의 불화 속에서 싹트고 있었음이 분명하다. '가화만사성', '수신제가치국평천하'가 말이 괜한 말이 아니다. 가정을 다스리지 못하는 사람이 높은 지위에 올라서는 안 되는 이유가 여기에 있다. 가장 근본의 믿음을 실현시키지 못하는 자가 무엇을 논할 수 있을 것인가.

아빠는 그러면 안 되지

아들 와하하 내가 이겼다!

아빠 그래, 이겼으니까 큰 숫자 카드 가져가.

아들 오예 오예, 아싸 아싸~ (신이 나서 허공에 팔을 휘젓는다.)

아빠 (안 보는 사이 몰래 카드를 바꿔치기하며) 자 이번엔 무슨 카드를 낼 거야?

아들 비밀이야~ 아빠를 이기려고 가장 큰 숫자를 낼 거야.

아빠 그래? 근데 아들 조금 전에 카드 제대로 가져간 거 맞아? 뭔가 이상한 것 같은데?

아들 (자신과 아빠가 조금 전 가져간 카드를 가만히 들여다보더니) 아빠~ 아! 나를 속였어어~!

| 아빠 | 세상에는 남을 속이는 사람도 많아. 기분 좋다고 신나서 흥분하면 그 틈을 타서 아들을 속이고 아들 걸 뺏어가는 사람들도 있어. 그러니까 항상 잘 쳐다보고 있어.

| 아들 | 아빠는 그러면 안 되지~!!

| 아빠 | 그럼~ 아들한테 알려주고 싶어서 그랬어. 아빠는 아들을 안 속이지.

| 아들 | 알아. 그래도 아빠는 그러면 안 돼~

보드게임을 했다. 서로가 가진 숫자 카드를 내놓은 다음 뒤집어서 서로의 카드를 확인하고 더 큰 숫자를 낸 사람이 먼저 점수 카드를 가져가는 방식의 게임이다. 이 게임은 애초에 신뢰나 믿음 같은 개념이 승패에 영향을 끼치는 게임은 아니지만, 아이가 신나 하는 모습을 보니 괜스레 장난이 치고 싶어 아이 몰래 점수 카드를 바꿔치기해 가져간 뒤 아이의 반응을 가만히 살펴보았다. 아이는 자신이 속았다는 사실에 억울해하거나 세상에 속임수를 쓰는 사람이 많다는 사실에 분개하지 않았다. 그보다는 자신이 믿고 있던 아빠라는 존재가 자신을 속였다는 사실을 도무지 받아들일 수 없었던 모양인지 "그래도 아빠는 그러면 안 된다."는 말을 몇 번이고 반복했다.

믿어주는 사람을 배신하지 않는 일은 도의적으로도 미학적으로도 당연하고 아름다운 일이다. 믿는 사람은 으레 믿음에 대한 상호등가적이거나 상호대차적인 피드백을 기대한다. 하지만 슬프게도 세상에는 믿을만한 놈과 믿지 못할 놈들이 이리저리 뒤섞여 살아가는 통에 기대했던 믿음에 대한 환류가 적절히 이루어지지 않을 때가 많다. 아이는 어쩌면 아비의 장난에 최초의 배신감을 느꼈을지도 모를 일이다. 믿음에 대한 작은 균열은 아이의 마음에 무엇을 심어줄 수 있을까. "그래도 아빠는 그러면 안 되지!!! 그래도 아빠는 그러면 안 되지!!!" 아, 내가 너무 이른 나이에 배신의 슬픔을 알게 한 것은 아닌가. 아버지들은 아이가 어차피 언젠가 겪게 될 일을 미리 알려주고 싶어 어찌할 줄 모르는 존재다. 혹여나 나중에 더 큰 상처를 받지나 않을까 하는 노파심에 예방주사를 놓아주고 싶은 것이 아버지들의 마음일 테다.

스무 살 수능 재수를 할 무렵이었던가. 무뚝뚝한 아버지로부터 처음 한 통의 편지를 받았다. "남을 이겨야만 살아남을 수 있는 세상이란다. 남을 너무 믿기만 해서는 안 된단다. 아빠는 그것을 너무 늦게 알았지만, 아들은 알아서 잘하리라 믿는다." 그런 내용의 편지였던 것으로 기억된다. 그것은 친구로부터 몇 번의 사기를 당했던 아버지가 아들에게 간곡히 전하고 싶었던 삶의 통찰이었다. 그렇게 부모는 자신이 겪은 통한의 고통을 자녀가 반복하지 않기 바라는 마음에 자꾸만 이런저런 이야기를 하게 된다. 그것이 대부분 재미없는 잔소리처럼 들리기에 자식들 귀에 잘 들리지 않는다는 것이 언제나 문제이지만. 자식이 잘되길 바라는 마음과 자식이 고통을 겪지 않길 바라는 마음은 부모로부터 자녀로, 또 그 자녀에서 자녀로 대를 건너

전승되며 기대와 염려를 동시에 전한다. "아빠는 그러면 안 되지!!"라며 배신감을 느꼈을 너지만 이를 통해 경계의 마음을 네 안에 심을 수 있었다면 나는 족하다. 아들아, 아빠는 앞으로도 꾸준히 그런 이야기를 할 예정이야. 네가 아빠의 말을 귀담아듣지 않는 나이가 될 때까지만. 앞으로 몇 년 남지 않았겠지. 그래서 더 마음이 급해지는 것인지도 모르겠다.

아이의 말에서 무엇을 보고 있나요?

'신이 모든 곳에 존재할 수 없어서 어머니를 보냈다.'라는 말이 있지요. 이 비유를 떠올리며 동시에 신이 모든 곳에 존재할 수 없어서 아이를 보낸 것은 아닐까 하고 생각해 봅니다. 아이가 주는 환희와 기쁨이 가히 신적 존재의 그것에 필적할만합니다. 아이와 함께하는 시간은 빠르고 느리게 흐릅니다. 우리를 눈물짓게 했던 아이의 한마디를 떠올리고 그것을 오래도록 기억했으면 좋겠습니다.

- 아이와의 대화에서 사랑이라는 감정을 직접 만져본 듯한 기분을 느껴본 적이 있나요?
- 그런 기억이 있다면 그 소중했던 대화를 떠올려 적어보세요.
- 그리고 오늘 다시 한번 아이의 얼굴을 가만히 들여다보세요.

에필로그

저녁을 먹고 안방에서 아들과 장난치며 놀던 중이었다. 쏟아지는 잠을 이겨내지 못하고 가까스로 버티고 있는 아빠와 노는 것이 재미없어졌는지 아들은 슬그머니 등을 돌려 거실로 나갔다. 드디어 잠을 잘 수 있게 되었다는 기쁨 때문인지 아이의 뒷모습이 갑자기 그렇게 예뻐 보일 수가 없었다. 기어코 사랑한다는 말을 해주고 싶어 아이를 불러 세운다.

아빠 아들~

아들 응? (뒤를 돌아보며)

아빠 사랑해~

아들 응~ (대수롭지 않다는 듯)

사랑한다는 말에 대수롭지 않다는 듯 슬며시 미소를 지으며 제 갈 길을 가는 아이의 뒷모습을 바라보며 아이가 잘 크고 있다는 생각에 대견함과 안도감이 밀려온다.

어른들은 부끄러운 것이 많다. 감정을 드러내는 것도, 상처를 드러내는 것도, 단점을 드러내는 것도, 어른들의 세계에서는 모두 부끄러운 행위에 속한다. 그렇게 어른들은 괜찮지 않은 자신의 내면을 포장하고 숨기며 살아간다. 그러다가 우연한 계기로 감정의 둑이 터지는 순간이면 그야말로 어린아이처럼 그 자리에 주저앉아 엉엉 울음을 터뜨리고 만다. 아니라고, 괜찮다고, 이젠 장성해서 혼자서도 무엇이든 할 수 있다고 말하면서도 부모로부터 제대로 된 감정적 대우를 받지 못하고 자란 어른들은 사랑에 대한 갈급함이 남아있다. 그리고 그들은 부모의 말과 행동에 마음이 휘청거린다. 밉지만 미워할 수가 없고, 원망하지만 용서해야만 할 것 같은 마음, 그것은 내가 어른이 되었기 때문에 마땅히 갖춰야 할 덕목인 것처럼 세상이 나를 옭아매기 때문이기도, 때로는 젊은 시절 부모의 강퍅한 모습과 대조되는 구부러진 모습에 연민의 마음이 자연스레 품어지기 때문이기도 하다.

분노건 연민이건 결국 그런 감정들의 근원은 결핍이다. 미워하지만 사랑해야 할 것 같고, 사랑까지는 아니더라도 책임감과 죄책감의 연쇄작용으로 끊임없이 속박되는, 사랑을 느끼기 어려운 부모와 자식이라는 관계는 그렇게 속절없이 흔들리는 나약하고 불안한 내면을 자식의 마음속에 심는다. 사랑한다는 부모의 말 한마디에 온갖 감정의 폭풍을 견뎌내는 나와 달리, 그저 씩 웃으며 자기 할 일을 하러 가는 아이를 바라보며 아이의 내면에 당연하고도 안정적인 사랑의 형태가 제대로 자리 잡았음을 느낀다. 불안이 없는 평온한 내면을 바탕으로 건강하게 성장해 나가길, 늘 평정심을 유지할 수 있는 그릇이 넓은 사람이 되기를 진심으로 바란다.

여느 직장인들이 그러하듯 음악을 들으며 출퇴근하는 날이 많다. 어느 날 8~90년대 만화영화 주제곡 모음이라는 유튜브 영상이 추천 영상으로 뜨길래 잊고 지냈던 어린 시절을 추억하게 하는 만화 장면들과 주제곡의 멜로디가 떠올라 나도 모르게 그 영상을 클릭하게 되었다. 십이간지를 외울 수 있게 도와주었던 "똘기 떵이~"라는 가사로 노래가 시작하는 〈꾸러기 수비대〉를 비롯하여 배경음만 들어도 가슴이 웅장해지도록 심장을 압도하는 〈그랑죠〉같은 로봇 만화들, 어린 시절 놀이터에서 뛰놀다가도 만화영화가 방영하는 시간이면 우르르 각자 집으로 뛰어 들어가던 아이들의 모습이 떠오른다. 그렇게 잠시 어린 시절 나를 즐겁게 만들었던 추억의 노래들을 기쁘게 듣다가, 어느 순간 눈과 목이 울컥하는 느낌에 당황스러움을 느낀다. 어린 시절 향수에 젖어 그런 것이 아니다. 노래 가사 하나하나가 어느 순간 내 아이에게 해주고 싶은 말 같아서, 아이에게 간절히 전하는 부모의 마음 같은 것이 느껴져서 그랬던 모양이다.

잠을 자거라~ 마음을 놓고
꿈을 꾸어라~ 아름다운 꿈을

만화 〈정글북〉의 주제가다. 아이의 평안을 바라고 꿈을 지켜주고 싶은 부모의 바람 같은 것이 느껴졌던 모양인지, 부모가 자식을 사랑하는 애틋한 지독지정이 느껴져 그렇게 뭉클할 수가 없었다. 예능 프로 〈라디오스타〉에 가수 정인이 나와 자신이 만든 자장가를 자녀에게 불러주는 장면을 본 적이 있다. 그녀의 노래 가사도 다르지 않았다. "너를 지켜줄게, 편안히

잠을 이루렴, 하고 싶은 것을 모두 하거라." 부모가 되는 것이란 그런 일일까. 자식을 생각하면 모든 것이 그저 애틋하기만 하다. "아이를 보고 있으면 내 삶의 공백이 메워지는 듯한 느낌이 든다." 개그맨 유세윤의 말이다. 아이를 가만히 바라보고 있노라면 내가 어린 시절 왜 그렇게 행동했는지 알게 되고, 어떤 마음으로 그런 행동을 하게 되었는지 불현듯 머릿속에 스치면서 내 과거의 조각들이 하나씩 맞춰지는 느낌을 받는다는 것이다. 그리고 그는 이런 상태를 "완전"에 가까워지는 상태라고 표현한다. 완전이라는 것은 미완인 부분 없이 완벽하게 들어맞는 형태가 아닌가. 유세윤의 말처럼 제대로 된 부모라면 아이를 통해 삶이 전보다 완전해짐을 느낄 수 있다. 그가 말한 것처럼 아이를 바라보고 있으면 과거의 내 행동과 생각을 되돌아보며 당시에는 이해할 수 없었던 나 자신을 이해할 수 있는 실마리를 알아챌 때가 많기 때문이다. 저 아이가 지금 어떤 마음으로 우는 것인지, 저 아이가 그런 말을 하는 이유는 무엇인지, 저 아이에게 지금 부족한 것이 무엇인지, 어떤 것을 갈망하고 있으며 어떤 것을 하기 싫어하는지. 부모는 아이를 바라보며 동시에 자신을 본다.

  그 외의 다른 이유가 하나 더 있다. 그것은 바로 내가 받지 못했던 사랑과 지지를 아이에게 전해줌으로써 미완으로 남아있던 나의 과거를 완결 짓고 싶은 심리상태 때문이다. 이는 아이와 나를 동일시하고 있기에 발생하는 현상이다. 나를 쏙 빼닮은 아이가 곧 나의 분신인 것 같고 그런 아이에게 잘해주는 것이 마치 나를 돌보는 것 같은 착각에 빠지게 만드는 것이다. 조금 더 사랑을 받고 자랐더라면, 좀 더 좋은 환경에서 자랐다면, 지금

과는 달랐을 텐데, 이런 생각을 자주 하는 사람이라면 아이에게 자신이 부족하게 느꼈던 환경과 반대되는 환경을 제공하기 위한 행동을 선택할 확률이 높다.

이런 생각들을 인식하며 행동으로 옮길 수도 있고 인식하지 못한 채 무의식중에 행동하고 있을 수도 있다. 아니 오히려 아이를 바라보며 이런 생각을 하지 않고 그저 아이를 풍요의 상징 또는 사랑의 결과와 같이 행복에 다다를 수 있는 하나의 조건과 연결 지으며 살아가는 사람이 훨씬 더 많으리라 생각한다. 무엇이 되었건 사실 관계없다. 그저 이런저런 생각을 해보는데 그칠 뿐이지 이런 몇 가지 생각으로 아이의 존재를 규명하기에 아이의 존재감은 더없이 광대하다. 그저 그 거대한 존재의 존재 이유를 상상해 보고 설명해 낼 수 있는 작업을 여러 사람이 반복적으로 해보았으면, 그리고 그 생각들이 여러 통로를 통해 퍼져나갔으면 좋겠다는 생각을 한다. 그 역시 아이를 잘 길러내고 사랑하는 하나의 방법이 될 테니까. 요즘 여러 매체를 통해 아이가 마치 악의 화신인 것처럼 묘사되는 경우가 많고 그로 인해 또 새로운 혐오의 정서가 확장되는 것처럼 느껴진다. 혐오하지 못해 안달이라도 난 것처럼 보이는 혐오의 시대에 살아가고 있다고 할지라도 최소한 그 혐오의 목표물이 아이가 되지는 않았으면 좋겠다는 생각을 한다. 혐오의 정서를 뿌려대는 사람만큼 사랑의 정서를 흩날리는 사람들이 많아지길 바라는 마음으로, 순간이 영원에 가 닿기를 바라는 마음으로, 아이와 함께했던 스쳐 흐르는 순간들을 고이 접어 이곳에 모아둔다.